JN013558

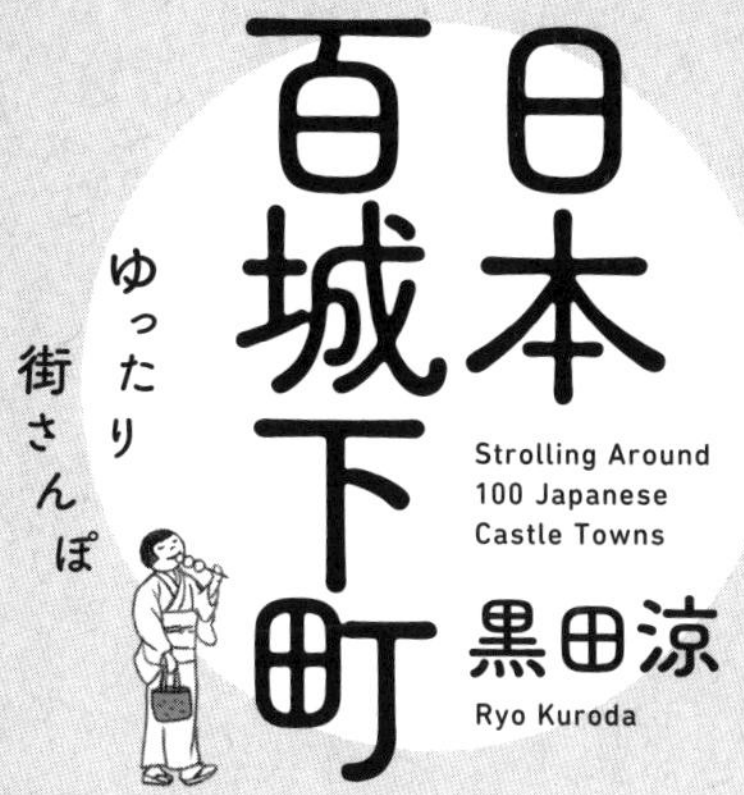
日本百城下町
ゆったり街さんぽ
Strolling Around
100 Japanese
Castle Towns
黒田涼
Ryo Kuroda

笠間書院

まえがき

お城ブームがコロナ禍を乗り越え続いています。最近では多くの外国人も日本の城に注目し、訪れるようになっています。城と城下町は日本独特のもので興味を惹かれるのでしょう。お城紹介本やお城特集番組は書店やテレビに溢れています。

ところが、城下町について注目した本は意外と少ないのです。成立時から城と城下町は一体のものなのですが、城下町についての本は、昭和まで遡ってもあまり見当たりません。ブームとはいえお城だけに興味がある人は少数派でしょう。さすがに山城に外国人は少ないです。出かけるのなら、街並みも食べ物もお祭りも楽しみたい、というのが人情でしょう。

今までにないなら書いてしまおうと思ったのが本書執筆の理由です。そしてどうせなら、訪れるべき100の城下町を選んで旅の参考にしてもらおうと考えました。「どのお城がオススメですか?」とよく聞かれますが、その一つの答えが本書です。

しかし100選ぶとなると、個々の城下町の魅力を詳細に掘り下げると何分冊にも渡ってしまいますし、その役割はすでに出ている観光ガイドに譲ります。本書では100選んだ上で、筆者が特に魅力に感じたトピックス1点か2点に絞ってご紹介しています。

当然ながらその話題は筆者の主観であり関心のない方も多いとは思いますが、選んだ100の街は、書いた話題とは関係なく訪れて楽しく満足できる街になっています。そうした基準で選びました。

城下町の定義は緩くし、江戸時代初期までに城があれば、のちに廃城となっても対象にしています。また江戸時代に「陣屋」などとされていても、大名級の政庁があれば城下町扱いにしました。各道府県から1か所は選ぶようにしましたが、東京都は例外です。

一方で人口100万人以上の大都会はあまりにも話題が多い上、「城下町」という言葉で感じる風情とは遠くなり、旅の参考書と思っている本書の範疇には入らないと思い外しています。具体的には仙台・東京・名古屋・大阪・広島・福岡の6都市です。

リストにはいろいろご意見があると思いますが、筆者の視点ということでご容赦ください。この本をきっかけに城下町を旅する方が多く現れてほしいですが、城下町についての意見交換も活発になれば嬉しいと思います。

※本書は2019年に発行された『日本の城下町を愉しむ』(東邦出版)に大幅に加筆修正し、100城下町リストにも変更を加えたものです。すべて現地取材し、本書では「100」選ぶことを前面に押し出して、筆者の意図をより反映したものとなっています。

目次

まえがき 002

第1章 北海道・東北 011

1 函館市 五稜郭 日本最初の国際貿易都市 各所に残る「箱館戦争」ゆかりの地 012
2 松前町 松前城 北前船で栄えた街、現代によみがえる 本州との交易のあとに驚き 016
3 弘前市 弘前城 過去から現代の名建築を楽しめる街 夜は三味線 春にはサクラ 018
4 八戸市 根城・八戸城 「横丁めぐり」ツアーで夜を満喫 朝市でお腹いっぱい海の幸 022
5 盛岡市 盛岡城 啄木と賢治の街 意外と新しい盛岡三大麺 026
6 登米市 寺池城 「みやぎの明治村」 北上平野開拓の中心地 030
7 秋田市 久保田城 「会える秋田美人」を楽しむ 意外と新しい「美人」のルーツ 032
8 仙北市 角館、角館城 明治以降の才覚で残った武家屋敷 公家出身だった殿様が残した京文化 034
9 山形市 山形城 市街を流れる「山形五堰」で和む 半世紀超える城の復元計画 036
10 鶴岡市 鶴ヶ岡城 眼に浮かぶ「海坂藩」「藤沢文学」の聖地 038
11 米沢市 米沢城 謙信、兼続、鷹山、政宗、常長…… 人気偉人キャラゆかりの地ぞろぞろ 040
12 二本松市 二本松城 めっきり見ない菊人形の聖地 少年隊の悲劇、今も感じさせる 042
13 会津若松市 会津若松城 巨大な藩校が江戸時代のままに 建設費は商人がポンと出し 046
14 三春町 三春城 特産の馬だった三春駒 自由民権先駆けの三春町 050
15 白河市 白河小峰城 苦難乗り越えた城の雄姿に感動 日本「最初の」公園は実に壮大 052

第2章 関東 055

16 水戸市 水戸城 黄門様らにあちこちで遭遇 明治維新、発端の街 056

17 宇都宮市 宇都宮城 餃子だけではないカフェの街 新型路面電車でも注目 058

18 前橋市 前橋城 蚕で建てた前橋城 日本の近代化を支えた生糸の街 060

19 さいたま市 岩槻、岩槻城 街中にあふれる雛人形 将軍宿泊の街に残る土塁 062

20 川越市 川越城 日本の街並みの展示場 地道な努力で人気観光地に 066

21 佐倉市 佐倉城 「西の長崎、東の佐倉」日本近代医学の原点 070

22 小田原市 小田原城 戦国の巨大城郭をハイキング 北条氏の先進性偲ぶ 072

第3章 中部 077

23 村上市 村上城 鮭の回帰見つけた武平治を思う 食べ尽くす食文化に敬服 078

24 上越市 高田、高田城・春日山城 あえて豪雪時に訪れたい 日本最長の雁木を探索 082

25 富山市 富山城 川の中だった中心街 神通川との戦いがもたらした変遷 084

26 高岡市 高岡城 銅像の生まれ故郷は高岡だった 江戸時代に珍しい商工都市 086

27 金沢市 金沢城 「まいどさん」とオーダーメイド散歩 江戸の空気残る寺町で落ち着く 088

28 七尾市 七尾城・小丸山城 驚きの巨大山車「でか山祭り」前田利家出世の地に残る優美な暖簾 092

29 福井市 福井城 特産の石の歴史に触れ 福井人の師、橋本左内を偲ぶ 096

30 坂井市 丸岡、丸岡城 「お仙泣かすな 馬肥やせ」戦国武将の人情に思う手紙の館 100

31 大野市 越前大野城 豊かな水と朝市が楽しめる 樺太まで開拓した先進藩の足跡 102

32 小浜市 小浜城 「御食国」の歴史を目から口から 最古級の城下町がたっぷり残る 106

33 甲府市 甲府城・躑躅ヶ崎館・要害山城 「甲府ん！」楽会に興奮 同じ市に3つの城 110

34 長野市 松代、松代城 幕末の異才、佐久間象山の街 藩主邸や武家屋敷も健在 112

35 上田市 上田城 真田キャラ溢れる通り 紬で栄えた街の巨大木造建築 116

36 小諸市 小諸城 藤村文学生んだ小諸 偉大な教育者、木村熊二を知る 118

37 松本市 松本城 自然が造った宝「湧水」市街のあちこちで飲み放題 122

38 伊那市 高遠、高遠城 そば発祥の地で新そばを 発見された江島の墓 124

39 岐阜市 岐阜城 国家公務員だった鵜匠 皇室の保護で存続果たす 128

40 高山市 高山陣屋・高山城 日本の山車祭りの最高峰 賑わう古い街並み堪能 130

41 郡上市 郡上八幡城 しっとりと水に親しめる小道 えんえん楽しめる郡上おどり 134

42 恵那市 岩村、岩村城 西郷も愛した佐藤一斎、格言の街 心地よい古い街並みの城下町 138

43 大垣市 大垣城 芭蕉も目指した輪中の街 市街ど真ん中に港跡 140

44 静岡市 駿府城 駿府城、浅間大社、富士山は一直線 家康のこだわり感じる街 142

45 掛川市 掛川城 二宮尊徳は生きている 教え受けユニークな街づくり 146

46 犬山市 犬山城 からくりはものづくりの源流？ ユニーク観光スポットでみんな満足 148

47 岡崎市 岡崎城 街を探検、二十七曲り 門の中の小さな天守に感動 150

第4章 近畿

48 津市 津城 ―「天むす」「みそかつ」本家は津 ユニーク食品発祥の街 154
49 桑名市 桑名城 ― 本場のハマグリ、実は別物 東海道2番目の大宿場町 156
50 伊賀市 伊賀上野城 ―「忍者」広めた功労者を知る 芭蕉ゆかりの地めぐりも楽し 160
51 松阪市 松坂城 ― 日本経済の誕生地を発見 本居宣長を身近に感じる展示 164
52 長浜市 長浜城 ― シャッター街から復活、黒壁スクエア 町衆の自治の伝統、秀吉時代から 168
53 彦根市 彦根城 ―「一期一会」の語を作った直弼 風俗店と町屋が同居する街 172
54 近江八幡市 八幡山城 ― 市民の清掃で復活した八幡堀 洋風建築も多いヴォーリズの街 176
55 舞鶴市 田辺城 ― 海面ギリギリに建つ城下の漁師町 外国人が注目して人気に 180
56 岸和田市 岸和田城 ― 進化続けてきた「だんじり」 鉄の車軸と舗装で猛スピードに 182
57 豊岡市 出石、出石城・有子山城 ―「皿そば巡り」で食べ比べ 多くの著名人を輩出 184
58 丹波篠山市 篠山城 ―「分散型古民家ホテル」発祥地 憧れの古民家でも居心地はホテル 186
59 たつの市 龍野城 ― 薄口醤油と揖保乃糸 情緒漂う小さな城下町 188
60 姫路市 姫路城 ― 天守とは眺めるもの 姫路城ビューポイントめぐり 192
61 赤穂市 赤穂城 ― 日本の塩田技術完成の地 日本有数の上水道も 196
62 明石市 明石城 ― 400年の歴史誇る鮮魚街 いち早いアピールで子午線の街に 200
63 大和郡山市 大和郡山城 ― 3階建て遊郭建築がかろうじて残る 当時のままの佇まいが物悲しい 204

64 宇陀市 宇陀松山城 城下町から薬草の街へ 薬品メーカー多数が発祥 206
65 和歌山市 和歌山城 孫市の街、盛り上げる動きも 熊楠が守った和歌山城 208

第5章 中国・四国 213

66 鳥取市 鳥取城 「民芸」発信地だった鳥取 復元進む城に期待 214
67 松江市 松江城 不昧公ゆかりの和菓子の街 堀川めぐりでゆっくり城下町観光 216
68 津和野町 津和野城 幕末の城下描いた画集と散策 キリシタン悲話の現場も残る 220
69 岡山市 岡山城 反対押し切り残した川が財産に 爽やかな夏の夜楽しめる西川 224
70 津山市 津山城 「酸素」「細胞」「大腸」、みな津山発 侮れないホルモンうどん 226
71 高梁市 備中松山城 小堀遠州の庭が残るゆかりの地 山城を歩けば内蔵助の石も 230
72 福山市 福山城 消えた中世都市の復元に驚く 新幹線ホームは福山城展望台 232
73 山口市 大内氏館跡・高嶺城・山口城 知られざる中世都市と大内氏の栄華 国宝・温泉なんでもござれ 234
74 萩市 萩城 夏みかんが残した江戸の街 維新偉人の旧跡も 238
75 岩国市 岩国城 たゆみない保守で維持された錦帯橋 戦後の新しい景観もまたよし 242
76 徳島市 徳島城 心地よいひょうたん島クルーズ 246
77 高松市 高松城 舟に乗って殿様気分満喫 お堀のタイと戯れ、借景に酔う 248
78 丸亀市 丸亀城 全国からの寄進揃うこんぴら街道 ゆかりのうちわ製作体験も 250
79 松山市 松山城・湯築城 名町長の活躍で残った城と温泉 「坂の上」の街で子規を知る 254

80 今治市 今治城 生き返ったタオルの街 たちまち沈む端切れに感動 258
81 大洲市 大洲城 奇抜がてんこ盛りの臥龍山荘 明治期の繁栄残す古い街並み 260
82 宇和島市 宇和島城 サトウ・益次郎・宗城の交錯を偲ぶ 多彩な郷土食を食べ尽くしたい 264
83 高知市 高知城 みんなでお酒が大好き 龍馬の生まれた街を散策 268

第6章 九州・沖縄

271
84 北九州市 小倉城 「角打ち」発祥の街 爽やかな川辺歩きも楽しめる 272
85 朝倉市 秋月、秋月城 ジワジワ来る街の良さ ハイキング気分で歩き回ろう 276
86 柳川市 柳川城 網の目のような掘割の中の街 みんな懐かしい白秋の街 278
87 佐賀市 佐賀城 日本最強の佐賀藩軍 筋を通した偉人輩出 282
88 唐津市 唐津城 人間が造った虹の松原 ユーモラスなくんちの曳山 286
89 平戸市 平戸城 南蛮菓子の食べ歩き楽しもう 海外とのつながり偲べる城下 290
90 島原市 島原城 澄んだ水の上に足を投げだす 湧水生かした独特の癒しスポット 294
91 熊本市 熊本城 巨大アーケード街は元は川 復興進む熊本城 296
92 大分市 府内城 南蛮文化発祥都市をアピール 格安ふぐや関サバ、関アジも 298
93 中津市 中津城 コンビニより多い唐揚げ店 302
94 杵築市 杵築城 錯覚起こす驚きの坂 着物で歩いて施設無料 304
95 臼杵市 臼杵城 岩盤切り開いた独特な道 「ふぐの郷」に舌鼓 306

96 竹田市 岡城 「隠しキリシタン」の街 謎の鐘や石像があった城 310
97 日南市 飫肥城 杉で栄えた城下と港一体の街 お得なマップで食べ歩き 314
98 鹿児島市 鹿児島城 最新技術で手っ取り早く情報を 316
99 南九州市 知覧城 薩摩の「麓」が生んだ庭園 独特なミニ城下町の風景 318
100 那覇市 首里城 首里と那覇の道歌った「上り口説」港町で城下町の面影たどる 322
あとがき 326

Column

❶ 近代化の基礎となった城下町 054
❷ 日本の都市に共通する構造 076
❸ 目指せ城下町の◯◯通 152
❹ ジャンル別おすすめ城下町① 212
❺ ジャンル別おすすめ城下町② 270

第1章

北海道・東北

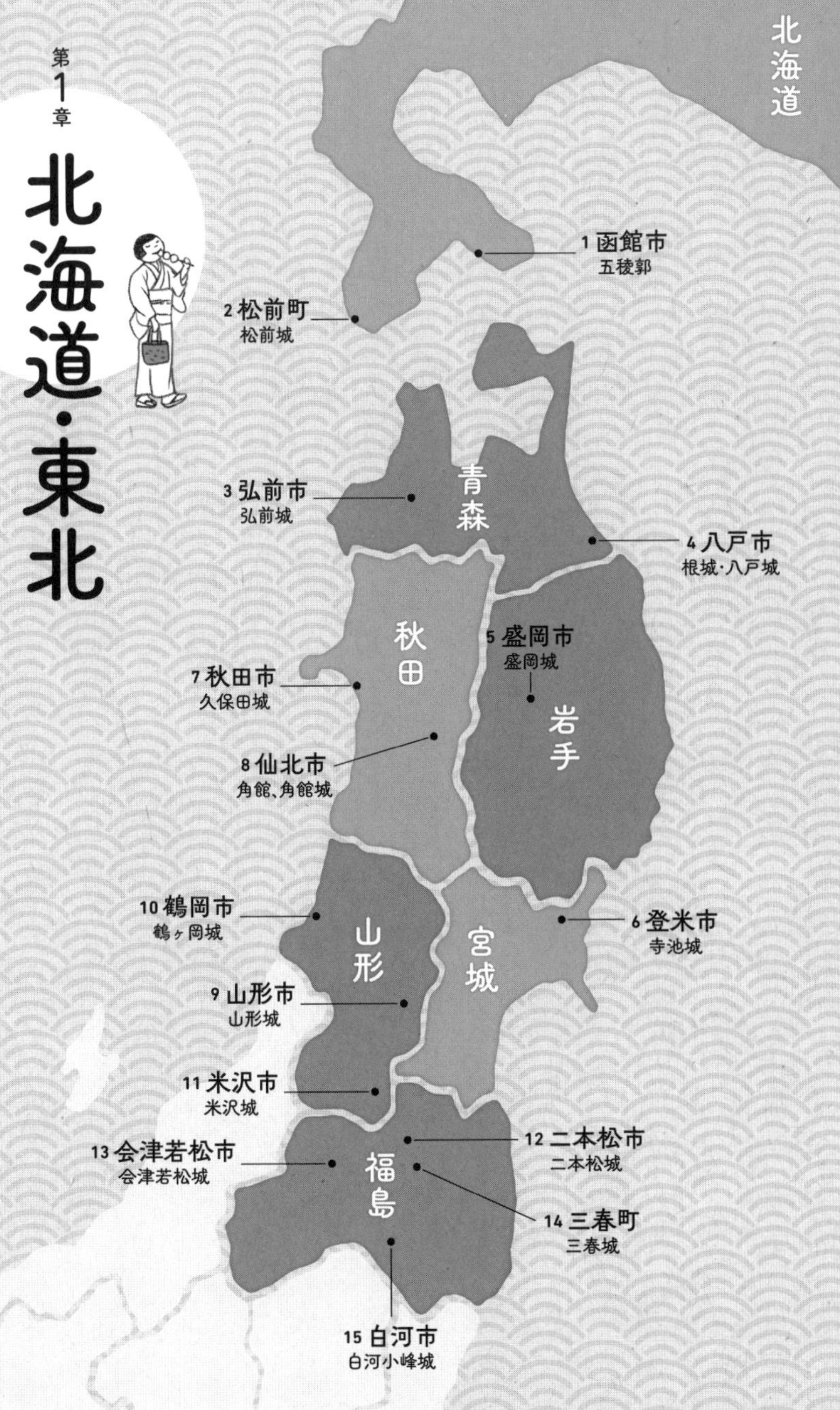

北海道
1 函館市
五稜郭
2 松前町
松前城
青森
3 弘前市
弘前城
4 八戸市
根城・八戸城
秋田
5 盛岡市
盛岡城
岩手
7 秋田市
久保田城
8 仙北市
角館、角館城
10 鶴岡市
鶴ヶ岡城
山形
宮城
6 登米市
寺池城
9 山形市
山形城
11 米沢市
米沢城
12 二本松市
二本松城
13 会津若松市
会津若松城
福島
14 三春町
三春城
15 白河市
白河小峰城

北海道
函館市
五稜郭

日本最初の国際貿易都市 各所に残る「箱館戦争」ゆかりの地

レトロな西洋建築や教会や夜景などで人気の函館だが、箱館奉行所や**五稜郭**が築かれた城下町の側面も持つ。それが最も現れたのが幕末・維新期だろう。箱館戦争の激戦跡が市内の各地に残る。

榎本武揚率いる旧幕府脱走部隊は函館を難なく制圧したが、準備を整えて反攻を開始した新政府軍に次第に押されてくる。土方歳三ら新選組生き残りは中心街の称名寺に屯所を置く。跡地は函館元町ホテルとなり解説板がある。近くに移転した寺には今も土方らの供養碑がある。

再編された新選組は幕府陸軍の第一列士満（レジマン＝連隊）所属となる。レジマンの名は、部隊がフランス軍事顧問団のブリュネらによって率いられていたからだ。のちに帰国したブリュネは英雄として迎えられ、フランス陸軍参謀総長にまでなった。

土方は東北以来の歴戦で軍事の才を開花させ、函館郊外の二股口防衛では、圧倒的兵力と装

備の新政府軍を2週間も食い止めた。しかし他方面が破られたため撤退し、最後の決戦に臨む。函館港に隣接する**弁天台場**は五稜郭と同じ武田斐三郎（あやさぶろう）設計の堅固な要塞で、新選組も立てこもったが糧食が尽き降伏した。跡地に標柱と、近くの入舟児童公園に解説板があり、「新選組最後（ママ）の地」の碑が立つ。

五稜郭

五稜郭にいた土方は弁天台場救援に向かう途中で戦死したというのが有力な説だ。現場近くの**若松緑地に記念碑や案内板**がある。遺体の行方は不明だが、五稜郭内に葬られたという。

ペリーを浦賀で最初に対応した中島三郎助も息子二人とともに、千代ヶ岡陣屋で戦死し、周辺は中島町となり記念碑も残る。

3000人を超えた旧幕府軍は3分の1もの死者を出し壊滅したが、榎本、大島圭介、荒井郁之助、澤太郎左衛門ら幹部の多くは助命され、のちに新政府で活躍した。函館には榎本町、梁川（やながわ）（榎本の号）町とその名にちなんだ地名が2か所もある。

旧幕府軍兵士の遺体は葬ることを許されなかったが、五稜郭建設に携わった柳川熊吉が死を覚悟して埋葬。のちに函館山麓に「**碧血碑**」を立てた。観光の中心から離れた山の中に、今は熊吉の顕彰碑も寄り添う。

函館には15世紀、現在の**元町公園**あたりに宇須岸館という和人の城砦が築かれ、江戸時代は高田屋嘉兵衛らが北方交易に活躍する港町となった。幕末に訪れたペリーは「世界随一の良港」と評している。ペリーから贈られた真紅の洋酒びんが市立函館博物館に残る。元町公園の隣はペリー広場で像もある。実は函館の開港は横浜より4年も早いのだ。各国の領事館ができ、貿易も盛んになった。

五稜郭を設計した武田が教師となった箱館諸術調所は、江戸の蕃書調所（東大の源流）と並ぶ日本の洋学教育の中心で元町公園前にあったが、山尾庸三（工学の父）前島密（郵便の父）、井上勝（鉄道の父）ら錚々たる人物が学んだ。新島襄も武田に会いに函館を訪れ、それがきっかけでアメリカに密航した。新島の渡航碑は「緑の島」手前にある。

1879年完成の函館公園は日本最初期の都市公園で、1889年には横浜に次いで近代水道も造られた。幕末から明治にかけて、函館は日本最先端の国際都市だった。どうりで美しい洋館がいくつも残っているわけだ。

五稜郭にある武田斐三郎の顕彰碑

幕末に海防強化が課題になり、函館奉行所を安全な内陸に移転したのが五稜郭。それまでの城と違い、天守や高石垣はない。ライフルや炸裂弾も出現した時代に、的になる高い建物や、破片が飛び散って危険な石垣は無用だった。

函館山山麓にひっそりとたたずむ碧血碑

この美しい城を、海外渡航経験なく設計した武田の才能には驚く。維新後は陸軍士官学校教官となり、その授業は南北戦争の英雄グラント米大統領を感心させた。五稜郭に**武田の顕彰碑**があるが、いつの頃からか肖像を撫でれば頭が良くなるとの伝説が生まれ、顔の部分だけテカテカである。

五稜郭

日本100名城。国特別史跡。1866年築城。星形の洋式要塞。2010年に復元された箱館奉行所は資料館となっている。

北海道
松前町
松前城

北前船で栄えた街、現代によみがえる本州との交易のあとに驚き

松前を治めた松前藩主松前家の菩提寺、**法幢寺**（ほうどうじ）には歴代藩主の広大な墓所がある。墓碑だけではなく、それを覆う石造の廟が23基も並び壮観だ。驚くのがその石材。笏谷石という石や御影石が使われているが、笏谷石は福井市の特産（96頁参照）、御影石に至っては瀬戸内海産である。

松前城の石垣石は裏山から切り出しており現地に石がないわけではない。廟の石はわざわざ日本海の荒波を越えて運ばせたのだ。そうやって藩主家の権勢を示したのだろう。

このように、江戸時代の松前は本州と交易で密接に結びついていた。その物流ルートがいわゆる北前船（きたまえぶね）の航路だ。北前船は船主が荷主で豪商であり、江戸時代の「動く総合商社」などという言い方もされる。

北海道の江差あたりから酒田、新潟、富山、敦賀などを経て、最後は大阪まで行き交った。北からはニシン、コンブ、アワビなどを運び、北へはコメや綿織物、塩など生活用品を運んだ。

先に紹介した石は、航海の船底の安定材、バラストとしての役割もあった。

江戸時代にはほとんど米が取れなかった松前藩はこれらの交易のおかげで潤った。税を取るのはもちろん、藩自身が御用船「長者丸」で商いをした。交易を担った商人の多くは、遠く離れた現在の滋賀県、近江八幡出身の近江商人。城下の繁栄を描いた「松前屏風」という絵図があるが、これは近年、近江八幡の所有者から町が買い取ったもの。複製を松前城内の資料館で見ることができる。

当時の栄華は城近くにある「**松前藩屋敷**」という施設で見ることができる。商家、税関（奉行所）、旅籠、武家屋敷、廻船問屋などが精巧に復元され、さらに長者丸の巨大な8分の1縮尺模型もある。近江商人の活躍ぶりなどもわかり、江戸時代に迷い込んだ気分になる。

復元された江戸時代の松前の街並み「松前藩屋敷」

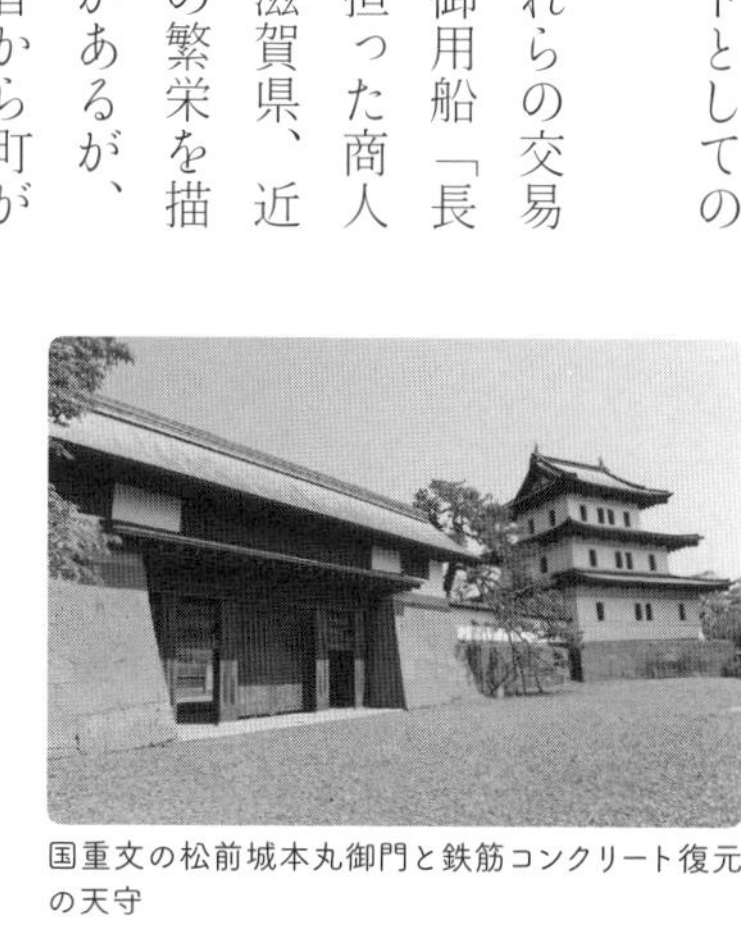

国重文の松前城本丸御門と鉄筋コンクリート復元の天守

松前城

日本100名城。現存の本丸門は国重文。1855年築城。前身の福山館以来松前氏が城主。天守は木造での再建の声も。城内はサクラの名所。

青森県
弘前市
弘前城

過去から現代の名建築を楽しめる街　夜は三味線　春にはサクラ

弘前は建築ファンにはたまらない街だ。市の観光サイトには「弘前で見るべき100の建物」「弘前の建築と人」などの項目が並ぶ。数百年前から現代まで、様々な時代の名建築がひしめき、さながら街中建築博物館といった体なのだ。

中でも戦後屈指の建築家、前川國男作品が多い。ル・コルビュジエに学び丹下健三は弟子だ。コルビュジエの世界文化遺産、東京の国立西洋美術館と向かい合う東京文化会館が前川の代表作だ。弘前では市役所、市民会館、市立病院、市立博物館などが前川の手になる。母の出身地が弘前だった縁だ。デビュー作の木村産業研究所から最晩年の作品まで順を追って一望でき、公共建築がほとんどのため自由に見学できるのもいい。

そして弘前は空襲を受けず、戦前の洋風建築の逸品が数多く残る。青森銀行記念館、弘前厚生学院記念館、弘前学院外人宣教師館と国の重要文化財が3件もある。さらに旧東奥義塾外人

教師館、白壁に赤い塔屋が印象的な**旧弘前市立図書館**なども見事だ。
美しい教会建築も多い。重厚な二つの塔が建つ日本基督教団弘前教会、優美な尖塔を持つカトリック弘前教会、レンガの壁と鐘楼が渋い日本聖公会弘前昇天教会が代表だ。カトリック弘前教会はステンドグラスや祭壇も美しい。

ライトアップされた旧弘前市立図書館

見るだけではなくくつろげる建築も多い。弘前城に隣接する旧藤田家別邸には洋館と和館があり、洋館は今は「大正浪漫喫茶室」。ここは庭園も見事だ。また市役所前の旧第八師団長官舎はスターバックスになっている。

日本古来の大建築もある。江戸時代初期建立で、重要文化財の五重塔としては最北にある**最勝院の塔**は、シダレザクラとの対比が実に甘美。お城のサクラを見たらこちらも訪れたい。少し離れた長勝寺は藩主津軽家の菩提寺で、9棟もの重要文化財がある。中でも城門に似た三門の迫力には圧倒される。

他にも雪よけの庇を備えた江戸期の町屋で重要文化財の石場家住宅や武家屋敷街、明治の銀行だった百石町展示館や時計台のある一戸時計店など見所は尽きない。

津軽といえば三味線。夜は気軽に生演奏を楽しめる店に行こう。実は津軽三味線がその名で有名になるのは戦後のこと。歴史には不明な点が多い。激しく叩いて演奏するのが特徴で、近年は世界的な奏者も出ているが、多くは弘前で開かれる津軽三味線全国大会の覇者だ。

常設の演芸場などはないが、市内の飲食店で食事の合間に演奏を聞くことができる。修行中の若い演者が多いが、飲食店という場所柄、間近での演奏は聴くというより、身体が響き、風を感じるかのよう。期間が限られたり予約が必要な場合も多いが、チェックしておきたい。

そして弘前といえばお城のサクラを外すわけにはいかない。私は日本一のお花見会場だと思う。まず何より広大である。来場者は毎年200万人を超えるというが、贅沢に敷物を敷いても、お隣りとはかなり離れて楽しめる。立ち止まることすら規制される東京の花見とは大違いだし、飲酒・飲食もできる。

さらにサクラの期間中、城内に200もの露店が出るが、これが露天というレベルではない。

シダレザクラとの競演が美しい最勝院五重塔

石垣修復のため移動中の弘前城天守と岩木山

市内の有名飲食店がこぞって引っ越してくる本格派で、サーカスやゲームセンター、お化け屋敷などまである。

またサクラの巨木が多く品種も多い。リンゴの剪定技術の応用で寿命を長くでき、日本最古のソメイヨシノ、日本で最も太いソメイヨシノは城内にある。開花時期がちょうど大型連休になるのも好都合だ。

もちろん城も名城中の名城である。**天守と多くの櫓・門**が残り、その9つ全てが重要文化財だ。現在天守は修復工事中で場所が少し動いている。2025年には元に戻り、内部の修復も2028年で終わるが、移動期間中は天守と岩木山のツーショットなど、普通は撮れない写真が撮れる。復旧前も狙い目である。

弘前城
日本100名城。国史跡で、現存12天守の一つなど9棟の国重文がある。1611年築城。築城以来一貫して津軽氏が城主。

青森県
八戸市
根城・八戸城

「横丁めぐり」ツアーで夜を満喫 朝市でお腹いっぱい海の幸

人口20万人少しの地方都市にしては街が賑やかだ。県庁所在地以外で流しのタクシーがいるのも珍しい。特に陽が落ちると旧城下町の繁華街は色鮮やかになり、むしろ人通りも増す気がする。

居酒屋、スナック、小料理店。小さな店がひしめく通りがあちこちにある。知る人ぞ知る八戸の横丁文化だ。「たぬき小路」「れんさ街」「ハーモニカ横町」などいわくありげな横丁が市街中心部の徒歩圏内に8つも集まる。

横丁案内の観光パンフレットが作られ、名産のホヤをかたどった「よっぱらいほやじ」なる木製のゆるキャラも横丁の角々に立つ。

全国的には漁業の街のイメージだが、実は工業都市だ。国内有数の製紙工場やセメント工場があり、人口は県庁所在地の青森よりわずかに少ないものの、工業生産額は逆に数倍多い。

陸に上がった漁師たちが景気良く酒を飲む暮らしを受け継いだのか、なんだか夜は景気良さげだ。最近はサバやせんべい汁が有名になり、新幹線の開通以降、観光客も増えている。そのあたりも当て込んで、中心街の空きスペースには、30近くも店が並ぶ「**みろく横丁**」も新たにできた。女性も入りやすいようオープンスペースを広く取り、明るい雰囲気で、期間限定で店が入れ替わるため目新しさがなくならない。

とはいえ旅行客が知らない町の飲み屋街に入り込むには勇気がいる。そこを気遣ってか、なんと「横丁めぐり」というガイド付きツアーまである。夜スタートで店をのぞいて一杯ひっかけたりも。「美人女将コース」「めっけろほやじコース」「酒場通りに残る不思議コース」などタイトルだけでも楽しげだ。費用は1800円と格安。

八戸市街の飲み屋街の一つ「みろく横丁」

ガイドは「八戸さんぽマイスター」。地元の街に詳しい達人たちだ。ガイドが顔馴染みだから、観光客向けでないディープな本性を垣間見れるのが楽しい。

私も参加してみた。ベテランマイスター「ミューラさん」(三浦さん?)の案内でたっぷり1時間半、おばんざい風のつまみが並ぶ女性一人の店、数人しか座れない日本酒の店、巨大焼鳥を1串100円で黙々と売る店。地元でないとわからない店を次々と訪れる。終わったら反省会と称し、洒落たバーで地元にちなんだカクテルを味わう。突然、賑やかな団体客が乱入し、しっとりした雰囲気からお祭り騒ぎに。それもまた一興。さらに夜は更けていった。

八戸は朝も楽しい。魚市場の朝市だ。中心街からやや離れた館鼻岸壁の朝市は、冬以外の毎週日曜、300もの店が集まって数万の人出で賑わう名物朝市。その近くの**陸奥湊駅前朝市**は、逆に日曜以外は毎朝やっている。ここで行くべきは**市営魚菜小売市場**だ。

中の店で好みの刺身や焼き魚などを買い集め、「朝めし処」でご飯とみそ汁を買って自分だけの朝定食が味わえる。刺身などは量が多いので、数人で行ってシェアするとバラエティ豊かな海鮮定食に仕上げられる。

陸奥湊駅前の市営魚菜小売市場食堂

八戸には盛岡藩南部家の分家だった八戸藩の八戸城があるが、やはり見ものなのは南部氏の東北での発祥地である**根城**(ねじょう)だ。広大な「根城の広場」は中心街からはバスまたはタクシーで10

柱位置が示されている根城の御殿跡

分ほど。南北朝時代から続いた古い城跡に館などが復元され、見慣れた江戸時代の城とは異なる姿が興味深い。

八戸を含む青森県東部は明治維新までは南部領で、弘前市が中心の青森西部とは別の地域だった。それを維新後に一つの県にしたために色々と軋轢があり、八戸はいまだに岩手県との繋がりが強い。

弘前の津軽家は、戦国時代に南部家家臣が反乱を起こして独立した。八戸では市役所と言わず「八戸市庁」と呼ぶが、これは県庁へのあてつけだという。戦国以来の遺恨がいまだに残るのだ。

日本100名城。国史跡。1334年築城。1627年廃城。南北朝時代に甲斐から移った南部氏が根拠地とし中世的な姿が残り復元主殿がある。

岩手県
盛岡市
盛岡城

啄木と賢治の街
意外と新しい盛岡三大麵

盛岡は石川啄木と宮沢賢治の街だ。市内あちこちにゆかりの地がある。

かつての城下町は北上川の支流である中津川を挟んで城の東側に広がっていた。目抜き通りの奥州街道沿いにある旧第九十銀行本店が、今は「**もりおか啄木・賢治青春館**」になっている。建物は国の重要文化財で、二人の生きた時代とほぼ同時期の建物が、展示とよく合う。

すぐ北には「盛岡てがみ館」があり、ここには二人の書いた手紙や啄木を支援した金田一京助、啄木の妻・節子の書簡などがある。

中心街から少し西には「**啄木新婚の家**」が修復整備され、内部も見学できる。幕末に建てられた武家屋敷だが、中の一角を1か月足らず、啄木一家が借りていた。新婚の二人の部屋は四畳半一間だけだ。

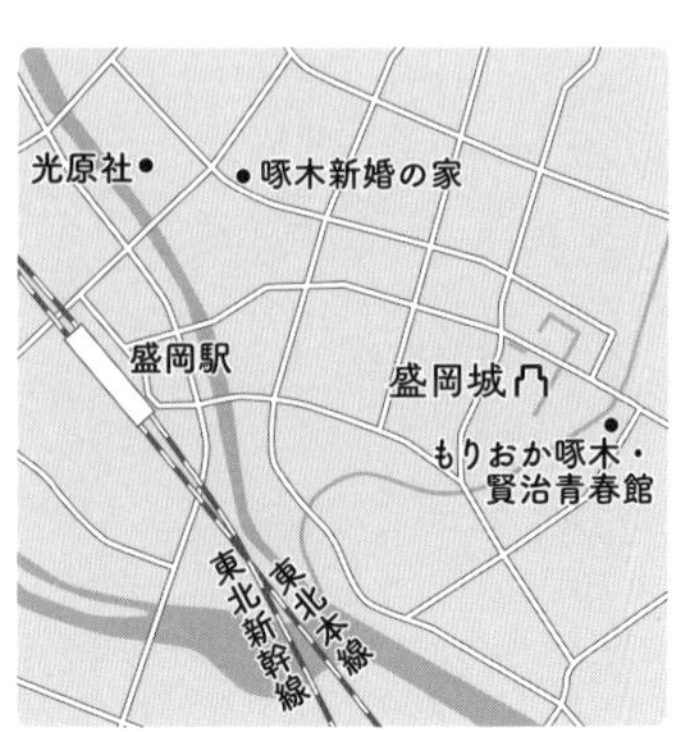

啄木はここでの結婚式にも欠席したという。新婚写真の啄木は澄まし顔で、節子は幸福そうに見えない。啄木はわずか26歳で死に、節子も遺児2人も若くして亡くなる。そんな未来を知っているからそう見えるのか。狭い部屋が物悲しく見える。

保存されている石川啄木新婚の家

すぐ西には、「いーはとーぶアベニュー材木町」という通りがある。賢治の最初の商業出版物である「注文の多い料理店」が、今もこの地にある**光原社**から出版されたことにちなむ。

光原社は今は雑貨やカフェの店となり、中には「注文の多い料理店」の初版本や、ゆかりの品もある。通りは賢治像などの彫刻で飾られ、雰囲気を醸し出している。賢治も37歳で亡くなったが、作風や人柄のせいか、通りを見渡すと楽しげに感じる。

市内には二人の歌碑、詩碑も数多い。しかし圧倒的に多いのは啄木だ。賢治が盛岡で過ごしたとはいえ、現在の花巻市出身だからだろうか。盛岡駅前には有名な「ふるさとの山に向かいて……」という啄木歌碑があり、駅舎の大きな「もりおか」の字は、啄木の筆跡から集めたものだ。

また駅近くの北上川に架かる**橋から眺める岩手山**は巨大で、盛岡人の心の山だと感じる。

盛岡市は他にも新渡戸稲造、原敬が出身で、ゆかりの地もある。また斎藤実、米内光政、及川古志郎と、岩手県には海軍大臣が多いのも面白い。三陸があるにせよ、盛岡などは内陸のイメージだが。

中学時代の啄木を野村胡堂に紹介したのは啄木の1級上だった及川だという。世の中のつながりは面白い。

食い道楽にとっては、盛岡は三大麺の街。「わんこそば」「盛岡冷麺」「盛岡じゃじゃ麺」である。

歴史が古いように思われるが、わんこそばがその名で食べられるようになったのは戦後らしい。掛け声とともに次々と麺を椀に入れ、大食い競争のようなパフォーマンスになるのはさらに後のこと。「盛岡冷麺」は発祥の店が「平壌冷麺」と称するように朝鮮半島がルーツだが、これも戦後に盛岡でアレンジして誕生した。じゃじゃ麺は中国東北部の麺をイメージし創作された。いろいろなルーツを持つ麺が、盛岡でアレンジされて全国区の人気となったのが面白い。

北上川に架かる旭橋から見た岩手山

サクラの季節の盛岡城の高石垣

食べ歩きする場合に気をつけていただきたいのが順番。じゃじゃ麺、冷麺、わんこそばの順をお勧めする。じゃじゃ麺発祥の店、白龍（パイロン）には「小」メニューがある。柔らかいじゃじゃ麺から、歯ごたえのある冷麺に移り、大量のわんこにたどりつくのが賢明だ。余計なお世話か。

盛岡城は東日本には珍しい石垣を多用した城だ。それもそのはず、城は岩山を切り崩した上に、その石を使って造られている。壮大な高石垣を堪能してほしい。また、不明御門跡の巨石や八幡曲輪跡、櫻山神社の巨石は必見である。

盛岡城
日本100名城。1598年築城。維新時城主は南部氏。現在は盛岡城跡公園。

宮城県

登米市

寺池城

「みやぎの明治村」北上平野開拓の中心地

登米市は「とめし」と読む、しかし合併前に市の一部だった登米町は「とよままち」。本来は「とよま」だった。その旧登米町の中心部に江戸時代は登米要害とも呼ばれた**寺池城**があり、ここは仙台藩伊達家の分家である登米伊達氏の城下町だった。

登米伊達氏は、もともと一族だった白石宗直に新田開発や大阪の陣に功績があり、伊達姓を名乗ることが許されたもの。宗直は北上川の付け替えという大工事も手がけ、米どころ仙台藩の実質100万石化に大きく貢献した。同家の石高は2万石と大名並みで、城下は宗直が改修した北上川のあたりにあり、米の積み出し始め、様々な物資の輸送で賑わった。

明治に入っても地域の中心地であることに変わりはなく、一時は現在の岩手県と宮城県の間にあった水沢県の県庁所在地も置かれた。そんな歴史から街には明治以来の由緒ある建物が多く、地元では街を「みやぎの明治村」とPRしている。

代表は国の重要文化財である旧登米高等尋常小学校校舎。1888年に建てられた和洋折衷形式の木造校舎で、国内でも最古級の校舎である。今は**教育資料館**として公開されている。

また県庁所在地時代の1872年に建設された庁舎が残っており、水沢県庁記念館となっている。警察資料館は1889年に完成した登米警察署だ。警察とは思えないオシャレなバルコニーを備えた洋風木造建築だ。

隈研吾設計の登米懐古館

最近新築された**登米懐古館**は当地の歴史博物館ともいえるもので、伊達騒動の背景となる登米伊達氏の一門同士の境界争いや新田開発の経緯がよくわかる。現在の建物は隈研吾の設計で、屋根に植物が乗り、木材が目立つユニークなものだ。

他にも武家屋敷や古い商家、城下町の街並みなど見どころは多い。全国的知名度は高くないが、それだけに落ち着いた情緒のある街である。

寺池館跡の標識。遺構はほぼない。

寺池城

築城年代不明。江戸を本拠とした葛西氏が領地の拠点として築城。豊臣秀吉により取り潰され、葛西大崎一揆などの合戦を経て伊達領に。

秋田県

秋田市

久保田城

「会える秋田美人」を楽しむ 意外と新しい「美人」のルーツ

「秋田美人」って本当にいるの？　小野小町に端を発する話だが、実は小町が秋田県生まれかははっきりしない。色白が理由とされるが、日照時間が少ない日本海側には共通した話で、秋田に限ったことではない。

しかも「秋田美人」という風説が広まったのは明治以降らしい。秋田市街では1886年に俵屋火事と呼ばれる大火があり、街のほとんどが焼けてしまった。この時、今も歓楽街で有名な**川反**（かわばた）に花街が移った。ここに東京などから文人がやってきて「美人が多い」と評判になった。谷崎潤一郎など「いずれも恋の奴のような」などとベタ褒めである。

それがいつしか秋田県全体に美人が多いという話に変わる。花街が盛んな地に美人が多いというのはうなづける。博多も京都も各地から美人が集まった。それが3大美人の実態だろう。

その風説を利用して秋田を盛り上げる動きもある。名声を誇った川反芸者も時代の流れで衰

再建された久保田城表門

退し、一人もいなくなった。これを復活しようと2016年にオープンしたのが、**久保田城**内にできた「**あきた舞妓劇場**」だ。「会える秋田美人」が謳い文句だ。

築100年以上の料亭を再利用し、毎週土曜日に「昼の部」「昼下がりの部」の2回公演を行う。研修を経て育てた芸者、舞妓が登場して舞などを披露し、昼には食事がつき、昼下がりには抹茶を振舞ってもらえる。

今時、芸者遊びなど余程ツテがあってお金がないと体験できないが、これは当日行っても空きがあれば舞妓さんに会える。城めぐりをして風流な気分も味わえる。最高である。

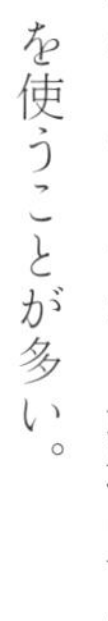

久保田城は当初は窪田城と呼ばれたが、まもなく今の表記になった。幕末以降は秋田城と呼ばれることが多くなったが、最近は古代国府の秋田城と区別するために「久保田」を使うことが多い。

舞妓さんが目の前でお茶を立ててくれる「あきた舞妓劇場」

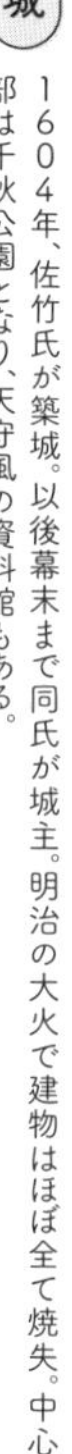

久保田城

1604年、佐竹氏が築城。以後幕末まで同氏が城主。明治の大火で建物はほぼ全て焼失。中心部は千秋公園となり、天守風の資料館もある。

秋田県
仙北市
角館、角館城

明治以降の才覚で残った武家屋敷 公家出身だった殿様が残した京文化

全国の古い街並みを残すために、重要伝統的建造物群保存地区（通称：重伝建）という制度がある。角館はその最初の指定地7か所の一つだ。長野県の妻籠宿や合掌造りの白川郷と同時といえば、その位置付けがわかるだろう。江戸時代そのままの街路、黒塀の道。シダレザクラ並木や紅葉も美しく、かつての**武家屋敷跡**にはカフェなどもあってゆったりできる。

この街並みが残ったのには角館独特の事情がある。武士というと明治以降没落したイメージだが、角館では違った。角館の藩士は自身の領地を持ったまま明治維新後も地主となり、それを元に山林事業や地方の有力者となる家が多かったのだ。

例えば青柳家という武家は100石ほどという決して大身の武家ではなかったが、明治以降は事業に成功して現在見られるような大きな敷地に屋敷を広げ、角館町長などを輩出する地元の名家となった。そうした武家が他にも数多く、今のような武家屋敷の街並みが残った。

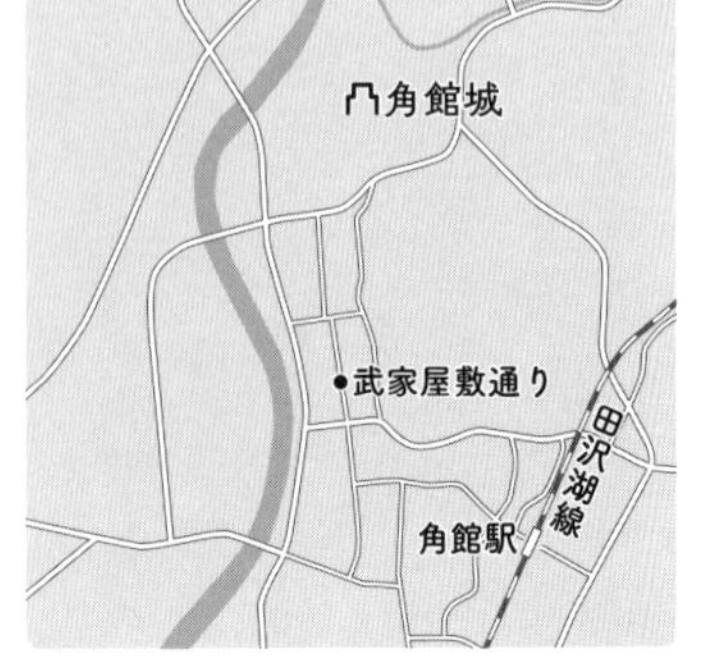

重伝建指定後は街並み維持、修復のために毎年多額の費用をかけてきた。電線を地中化し、建物や塀の造りを揃え、空き地には武家屋敷風の施設も建てた。こうした努力あってこその街並みなのだ。

また角館を「みちのくの小京都」などという。これは角館を治めた久保田藩佐竹家分家の初代が、京の公家の出身であったためだ。母が佐竹家出身で佐竹家の養子となったのだが、京を懐かしんで、城下周辺に「小倉山」「賀茂川」などの地名をつけた。

この初代の佐竹義隣（よしちか）は、息子の妻にやはり公家の姫を迎える。こうして角館は東北の内陸にあって、京風の文化が根付く。姫が京を偲んで持ち込んだサクラが、一番の観光資産であるシダレザクラ並木であるという。

公開されている武家屋敷の一つとサクラ

角館城があった古城山から城下を望む

角館城

1424年築城。城跡は街の北にある古城山（ふるしろやま）だが、江戸時代以降はほとんど使われなかった。遺構はない。

山形県
山形市
山形城

市街を流れる「山形五堰」で和む半世紀超える城の復元計画

山形市は扇状地上の街で水が乏しい。江戸期に山形を治めた鳥居氏は、市内を流れる暴れ川の馬見ヶ崎川流路を固定して上流に5か所の堰を設け、それぞれを源流に用水路を造った。

その5系統の用水路を「山形五堰」と呼びならわす。「双月」「宮町」「八ケ郷」「御殿」「笹」の各水路は総延長115キロもあり、ほとんどが残る。多くの街で用水路が埋められていく中、たいへん貴重だ。

最近はあちこちを親水公園のように整備している。観光案内所では見どころマップも配っている。特に注目は市街地ど真ん中の「**七日町御殿堰**」。両側に歩行者空間を造り、川端に残る蔵を店舗に改装。これをアクセントに、古い町家風の商業施設ができている。近代的なビルが建ち並ぶ中の町屋や水辺空間が心地よい。

上流部には清流にしか見られない植物、バイカモも生育する。夏に可憐な白い花を水上に咲

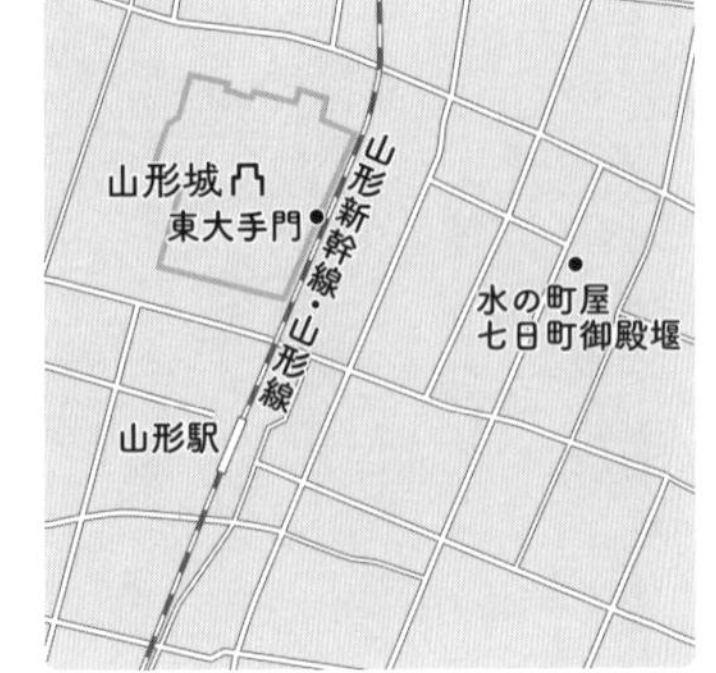

かせ、揺らぐ姿は美しく涼感を得られる。
57万石という大大名だった最上氏が築いた**山形城**は東北でも最大級の城だった。維新後、建物は壊され内堀も埋められたが、山形市は現在、江戸時代初期の姿を気長に復元しようとしている。

再生されたせせらぎをのぞむ商業施設「七日町御殿堰」

　１９７９年、戦後に造られた様々な施設を撤去し城を復元することを決める。枯れていた堀に水を入れ、**東大手門**を復元し、埋められた内堀を掘り出し半分は復元した。ここまでで40年以上。現在、城内の野球場跡などの発掘を進めており、２０３３年には整備を終える。足掛け50年以上もの大計画だ。

　障害もある。本丸の壮大な櫓門を復元したいが絵図や写真がなくそれができない。市では壊される前の古写真を必死で探している。あなたの家にないですか？　山形城の古写真。

山形城を築いた最上義光と復元された東大手門

山形城
日本１００名城。国史跡。１３５７年築城。維新時城主は水野氏。現在は二の丸内が霞城公園で、復元東大手門、一文字門、高麗門などがある。

山形県
鶴岡市
鶴ヶ岡城

眼に浮かぶ「海坂藩」「藤沢文学」の聖地

鶴岡を訪れるなら、やはり藤沢周平作品の何冊かは手にしていきたい。近年人気が高まっている作品の多くの舞台が「海坂（うなさか）藩（はん）」こと庄内藩、鶴岡の城下町に残っているからだ。

藤沢は鶴岡近郊の農村生まれ。生家跡には碑が立つ。教師として嘱望されながら結核で退職し、上京して仕事を得るも娘を残して妻が病死するなど苦難の人生を歩む。しかし挫けずに45歳で直木賞を受賞した。

以後海坂藩ものの時代小説などで人気を博すが、郷土への深い思い入れがその陰にはあった。藤沢のペンネームも、鶴岡市内の妻の実家の地名だ。作品の人気が高まると映画化が相次ぐが、そのロケの多くが実際の鶴岡市内で行われた。「たそがれ清兵衛」「蟬しぐれ」「山桜」「花のあと」など、ほかの作家と出身地やモデル地では思い浮かばない関係だ。

鶴岡市は大きな災害や空襲被害もなく、古い街の面影や**致道博物館**などの建物が多く残って

いたことが大きい。市内には市が設置した作品舞台の案内板が25か所もある。不思議とどの場所でも、作品に描かれた情景を思い浮かべるのに違和感はない。

作中の五間川こと内川のほとりには、芭蕉ゆかりなど歴史ある地も多く、散策にはうってつけ。個人的には「義民が駆ける」の終盤、数千人の領民が押しかけた大手門前に立つと、ああここがそうだったのか、と感慨深いものがある。

2010年には、かつての**鶴ヶ岡城本丸**、現在の鶴岡公園の一角に**藤沢周平記念館**が開館した。今や鶴岡市全域が藤沢ファンの聖地である。残念なのは、藤沢作品最初の映画化「たそがれ清兵衛」の公開が2002年と、亡くなった5年後だったこと。「郷土好き」を自認していた藤沢のこと、あの屈託のない笑顔で喜んだろうに。

現在は荘内神社となっている鶴ヶ岡城本丸跡

鶴ヶ岡城

続日本100名城。鎌倉時代に大宝寺城として築城。最上氏支配後1622年に入った酒井氏が現在の形に拡張し、幕末まで城主。旧城地に致道博物館など。

旧本丸内にある藤沢周平記念館

山形県
米沢市
米沢城

謙信、兼続、鷹山、政宗、常長……人気偉人キャラゆかりの地ぞろぞろ

米沢市は気の毒な街だった。上杉は「新潟ですよね」と言われ、伊達も「仙台」と思われてきた。

ご存知の通り**米沢城**は江戸時代を通じて上杉氏居城だった。上杉家の墓は城の西北にあり、初代謙信、2代景勝、鷹山こと9代治憲らの墓はみなここにある。3人の像は城内にもある。**景勝像**は近年の大河ドラマ「天地人」に合わせてできたため、主役である家臣の**直江兼続**と並んで立つ。

その兼続の墓は南方の**春日山林泉寺**にある。この地方に多い石造の小さな家のような形で、妻お船の墓と並んでいる。近くには武田勝頼敗死の際逃れてきた末弟の信清の墓も。実は武田家は上杉氏家臣となって存続したのだ。林泉寺は越後から移された寺で、上杉氏の祖である長尾氏歴代の位牌など宝物にも見所が多い。

最近人気なのが「花の慶次」こと前田慶次郎である。加賀前田家一族だったが出奔し上杉家

に仕えた。詳細不明ながら傾奇者（かぶきもの）として知られ、近年、漫画の主人公となって知られるようになった。供養墓が城東の**堂森善光寺**にあり、近くに草庵跡もある。飲み水として使ったという慶次清水は神秘的な林間にありわかりにくいが、趣がある。

鷹山は曽祖父が上杉氏という遠縁で、財政破綻寸前の藩に養子となった気の毒な人だが、藩再建を成し遂げ経営者らに人気だ。隠居後の邸宅跡や、家臣らに教訓を授けた地に「籍田の碑」などがある。

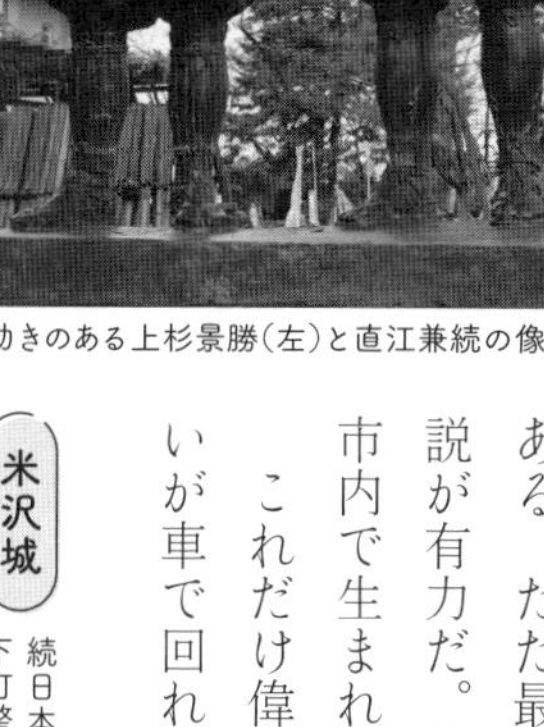
動きのある上杉景勝（左）と直江兼続の像

米沢城内には「伊達政宗公生誕の地」という小さな碑もある。ただ最近の研究では、少し西の館山城生誕という説が有力だ。また伊達家家臣で欧州に渡った支倉常長（はせくらつねなが）も市内で生まれており、最近案内板が設置されている。

これだけ偉人キャラが揃う街も珍しい。歩きではキツいが車で回れば1日で十分。結構な話の種になる。

上杉神社となっている米沢城本丸

米沢城

続日本100名城。鎌倉時代中期築城。16世紀中頃に伊達氏が本拠とし城下町整備。中心部は上杉神社と松が岬公園。

福島県
二本松市
二本松城

めっきり見ない菊人形の聖地　少年隊の悲劇、今も感じさせる

今や絶滅危惧イベントとなっている菊人形展。若い人の中には菊人形を知らない人もいる。二本松はその最後の牙城である。毎年10月初めから11月末まで開かれる「**二本松の菊人形**」は、菊花の展示本数3万本と、現在残る全国の菊人形展では最大の規模を誇る。

そもそも菊人形は、江戸時代末期に江戸の団子坂、今の文京区で始まった。明治に入り旧両国国技館での菊人形展が大人気となり、全国に広まる。商品ディスプレイや博物館展示などで有名な乃村工藝社は、この時に菊人形展を全国に広め、今も関連会社が菊人形の製作を担っている。

しかし、特に戦後は娯楽の多様化とともに菊人形の人気は廃れ、3大菊人形展といわれた一つ、大阪・ひらかたパークの大規模展はなくなってしまった。

しかしここ二本松では、数が少なくなったからこそか、まだまだ賑わっている。会場はまさ

に城内の一角。江戸時代風に復興された城門をくぐって入ると会場だ。人形は、毎年異なるテーマに沿っての展示場面が多数ならぶ。

人形の顔は極めてリアルで、花との取り合わせはシュール。これは幕末の誕生時から、生き人形師といわれる人たちがリアルな頭部を作って、それに菊の服を着せた伝統だという。

二本松落城で討死した内藤四郎兵衛(右)らの菊人形

菊は生きた花だから、会期が長ければいくら日持ちがいい花といっても枯れてしまう。そこで菊人形展では10日程度で着せ替えをする。二本松ではその様子も見せてくれる。菊は人形専用の品種を使い、根を水苔などでくるんで枯れないようにする。それを骨組みの胴体に巻きつけていくのだが、何百本と必要な服全体に数本ずつ束になった花を根気よく、外からは見えないように巻きつけていく。

無形文化財にしたくなるような手わざだ。11月に入ると例年城内の紅葉が美しい。ぜひその時期に訪れてほしい。

そして二本松といえば、戊辰戦争時の少年隊の悲劇だ。白虎隊初め会津の悲惨さはよく知られるところだが、実は二本松の歴史の方が過酷ともいえる。会津は落城前に降伏し、白虎隊の自刃や妻女らの自決などの事件はあったものの、多くの将兵は生き延びることができた。

二本松は少年兵を含め多くの留守部隊が戦って落城にまで追い込まれている。その結果、切腹した幹部全員を含む400人前後が戦死した。少年兵は62人余りが戦い、戦死が14人。数え年でわずか13歳の者が4人もいた。戦力が圧倒的に足りない中、少年らが従軍を志願する声に押されてのことだった。生き残りが高齢になって話したところでは、「戦闘前夜は今の修学旅行のようなはしゃぎようだった」という。戦争を知らないということは恐ろしい。

城前に**少年兵の群像**があり、城下を歩くといたるところに少年兵らの戦死碑が立って今も真新しい花が添えられている。悲しみの深さを思わざるを得ない。攻める新政府側も戦って驚いたのだろう。手厚く葬った、賞賛する書を残した、などの逸話に事欠かない。

二本松城前にある少年兵の群像

復元された箕輪門

城西の**大隣寺**には少年隊らの慰霊碑と墓がある。また新政府指揮官が「戊辰最大の激戦地」と言ったという**大壇口の戦場**は大隣寺のやや南、東北線沿いの小高い丘にあり、慰霊碑などが立っている。隣合う店舗から流れる陽気な洋楽との落差に、時の流れを感じた。

二本松城本丸は近年修復復元工事が行われ、周囲を取り囲む高石垣が見事である。また**箕輪門**両翼の高石垣も素晴らしい。また城の東口、かつての藩士通用門があったあたりには、長さ8・5メートルもの巨岩に漢字16文字の「戒石銘」が彫られている。「お前たちの給料は民の汗と脂だ。民を虐げることはできても神は欺けないぞ」との意味。国の史跡だが、国会議事堂前に置きたいものだ。

二本松城

日本100名城。室町時代中期に二本松畠山氏が築城。江戸初期に丹羽氏が現在の形に整備して、以降城主。現在は霞ヶ城公園となっている。

福島県
会津若松市
会津若松城

巨大な藩校が江戸時代のままに建設費は商人がポンと出し

日本では各藩の学校、いわゆる「藩校」が江戸時代後期に次々に設立され、幕末にはほとんどの藩に存在した。武士なら入学でき、しかも授業料は無料というから素晴らしい。ちなみに庶民の寺子屋や学者の私塾も学費は極めて安く、女性が学べないことを除けば、現代とどっちが恵まれているのかよくわからない。

水戸の弘道館、長州の明倫館、薩摩の造士館などは有名で規模も大きく、教育熱心な藩と幕末に活躍した藩が重なっているのが面白い。弘道館や明倫館、松代の文武学校など当時の施設が一部残っているところも多いが、江戸時代に全国屈指の規模と内容を誇った**会津藩校日新館**は、なんと今もその全容を見学することができる。

しかし江戸時代の日新館は戊辰の会津若松城攻防戦で焼けてしまったはず。実はその寸分違わぬ復元施設が、市街地郊外に造られているのである。敷地面積は約2万6000平方メート

第1章・北海道・東北

近郊に復元された会津藩校日新館

ルと広大だ。その中に儒教の聖者、孔子をまつる大成殿や、勉学の場、武道場などが所狭しと建てられている。

勉学では礼法や儒学を学ぶ場とは別に兵学を学ぶ建物があり、現代でも使う「図上演習」の駒、兵法算木などが残されているのが興味深い。武道では柔術や弓術、さらには砲術のための演習場や水練のための池、プールもある。天文学では実地に観測を行うための小山、天文台も築かれ、観測器を乗せて星を見ていた。

この天文台の遺構だけは実際の日新館の場所に残る。日新館跡は若松城の堀端だが、跡地碑と、創立を推進した家老田中玄宰（はるなか）についての解説版、さらに建設費全額3000両の大半を出資した城下の呉服商、須田新九郎の碑がある。現代の企業家にも見習ってもらいたいものである。すぐ南には、「八重の桜」山本八重と日新館教授も務めた兄覚馬の生家跡の碑もある。

復元された施設では、会津藩の歴史、戊辰戦争の経過などが展示されているほか、当時の授業の様子の再現や、有名な「ならぬことはならぬものです」など、会津教育の詳細などがわかる。会津精神を学んでみてはいかがだろうか。

若松城からは車で20分ほどだ。

白虎隊の悲劇が起きた**飯盛山**や藩主の御薬園（おやくえん）など、城下の観光名所には事欠かないので、ここでは地味なスポットに光を当てたい。

日新館跡のすぐ北には、軍学者山鹿素行誕生地の碑と、直江兼続屋敷跡の案内板が同じ小公園に立つ。山鹿は当時主流の朱子学を批判して赤穂に流され、そこで大石内蔵助と知り合った。尊王が基本の山鹿流がのち吉田松陰に引き継がれ、吉田の長州が会津を滅ぼしたのは皮肉だ。また生誕地が義の人、直江兼続邸跡というのも何か因縁と感じる。

日新館跡などの脇の中央通りが会津若松のメインストリートで、城と駅との中間あたりがいちばんの繁華街となる。かつての城の最外郭付近だ。その表通りから少し入ったところに、現

観光地となっている白虎隊自刃の地・飯盛山

在の若松城をほぼ完成させた蒲生氏郷（がもううじさと）の墓がある。若松城の名は氏郷生地の近江の神社にあった松にちなみ、鶴ヶ城の別名は氏郷の幼名鶴千代にちなむという。城下の整備と産業の振興を行い、この人がいなかったら今の会津若松はない。40歳の若さで亡くなったが松坂城など築城の名手で、会津に転封となって「ここでは天下が取れない」と泣いたという伝説がある。

　さらに少し先の甲賀町口郭門跡の大きな石垣には、戊辰戦争時の弾痕が今もいくつも残る。探してみよう。ここが会津若松城攻防戦での最大の激戦地といい、この攻防時に一時城まで迫ったのちの陸軍元帥大山巌を狙撃して負傷させたのが山本八重だといわれている。熱い銃弾が飛び交ったさまを思う。

　やや遠いが、城南東にある藩主別邸の御薬園近くに、会津若松城総構えの守りとなる天寧寺町郭門外堀土塁の高い土塁がかぎ状に曲がって残り、城同様国史跡となっている。城好きには見逃せないポイントだろう。

復元された会津若松城天守

会津若松城

日本100名城。天守は復元だが国史跡。1384年築城。蘆名氏、伊達氏、蒲生氏、上杉氏、加藤氏を経て江戸時代初期から松平氏が城主。

福島県
三春町

三春城

特産の馬だった三春駒 自由民権先駆けの三春町

郷土玩具として有名な三春駒だが、元は三春特産の馬を指した。特段の産物もなかった三春では、藩は江戸時代中頃から馬の生産を奨励し、幕府献上や藩主御用となった馬は「御花駒」と呼ばれ、大変な名誉だった。

今は郡山市になるが、三春藩の高柴地区では伝統的にキンマ（木馬）という子供の成長を願う玩具が作られており、これがいつしか特産の馬と結びつき「三春駒」と呼ばれるようになった。高柴地区は他に、三春張子と呼ばれるお面や人形などの玩具があり、デコ屋敷と呼ばれる数軒の家が江戸時代から製作・販売を行っている。城下からは車で10分ほど。また城下の**三春郷土人形館**でも張子人形や、古い型の大きな三春駒を見ることができる。

郷土人形館から少し離れた丘の上の**歴史民俗資料館**には、**自由民権記念館**が併設されている。しかも麓には大きな「自由民権発祥の地」という碑が立つ。自由民権の発祥を名乗る場所は実

は全国に複数あるが、こちらの由来は碑の傍らに像が立つ河野広中による。

幕末動乱時、三春藩は対応に苦慮する中、藩士の河野らが東征軍司令官の板垣退助と会見するなどして戦闘直前に新政府につく。この縁で河野は板垣と親密になって福島での民権運動の中心人物となり、全国の運動も牽引、国会開設後は衆院議長となるなどして名を馳せた。

自由民権記念館前に立つ河野広中像

河野は若いころ民権運動を弾圧した福島県知事・三島通庸と対立し、逮捕される。これに反発して、栃木県知事となった三島を爆殺しようとしたのが有名な加波山事件で、河野の甥を含む三春出身者5人が死刑や獄死、無期徒刑となった。「自由の魁」という事件記念碑も三春にある。

三春城大手門跡に移築された藩講所表門・明徳門

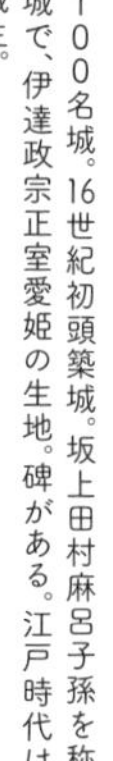

三春城

続日本100名城。16世紀初頭築城。坂上田村麻呂子孫を称する田村氏の城で、伊達政宗正室愛姫の生地。碑がある。江戸時代はほぼ秋田氏が城主。

福島県

白河市

白河小峰城

苦難乗り越えた城の雄姿に感動 日本「最初の」公園は実に壮大

白河は芭蕉も訪れた白河の関があり、関東と東北の関門として重要だった。そのため東北諸大名の抑えとして総石垣の城が築かれた。城は戊辰戦争で全焼したが平成になって天守や門が再建され、東日本大震災で石垣が崩落するなどしたものの復旧を果たしている。

復元天守の柱には戊辰激戦地だった城下南の杉が使われたが、多くの木から当時の銃弾が発見された。弾痕はそのままに残され、往時の銃火の凄まじさを物語る証拠となっている。

復元は、白河藩の名君で、寛政の改革を主導した松平定信のおかげだ。生真面目だった定信は、城の建物すべての詳細な図面を作らせ柱の材まで記録した。おかげで復元しようと思えばすぐにもすべての建物を造ることができる。資料収集から始めなければいけない他の城からすると羨ましいことこの上ない。

定信は所在不明だった白河関跡を特定したり、酒造り職人を招聘したり、名物のだるま作り

なども始め、地元では定信様々である。

しかし、私が最大の功績と思うのは**南湖公園**の造成だ。堅物の定信唯一の楽しみは庭園造りだった。江戸でも各屋敷に趣向を凝らした庭園を造っていたが、南湖公園は規模が違う。城下南の湿地にダムを造り、周囲2キロ、18ヘクタールもの湖を造って庭園にした。借景は20キロ以上離れた那須連山。松やサクラ、紅葉の木々を植え、定信が決めた17の景勝地に碑を立て、めぐり歩くことができる。

今も市民の憩いの場となっている南湖公園

しかもただの道楽ではない。低湿地だった下流部を田に変え、その用水としてのため池の役割もある。工事は貧農を雇う公共事業であり、湖面では海防に備えた操船訓練をした。

その上庶民も立ち入りを許し、「士民共楽」の場としたという。地元で「南湖公園が日本初の公園」と称するのももっともだ。

1991年に木造復元された天守

白河小峰城

日本100名城。国史跡。1340年築城。1632年に丹羽氏が現在の姿に改築以降、7家が城主として交代。幕末は幕領。

Column 1

近代化の基礎となった城下町

城下町というのは日本特有のものです。ヨーロッパなどでは諸侯の住む城と都市はセットではありません。もちろん都市に住む諸侯もいましたが、城は城、都市は都市で別個の由来があります。

日本で城と都市がセットになっているのは、戦国時代の終わり頃からそのように決めたからです。大名は家臣を城の周りに住まわせ、商人・職人を農村から移住させました。

これは戦国時代を勝ち抜く中で経済力が重要になり、統制のきく城下に商人や職人を集めたためです。有名な楽市楽座などはそうした政策の一端です。織田信長の岐阜、安土、豊臣秀吉による大坂などが顕著な例です。

さらに徳川幕府は一国一城令を出して大名統制の面から城を減らしました。こうして江戸時代初期に、各大名の支配地には基本一つの城と城下町、という地域社会が全国に出来上がったのです。

その結果、日本には江戸時代に多数の都市が生まれました。産業が城下町に集積することで規模が大きくなり、大名の参勤交代などによる交通網の整備もあり、都市間の交易も盛んになりました。

こうした地盤の上に、明治維新後に西洋の科学技術や新制度、海外との交易を受け入れて日本は急速に近代化できたのです。

第2章

関東

18 前橋市
前橋城
17 宇都宮市
宇都宮城
栃木
群馬
16 水戸市
水戸城
茨城
埼玉
20 川越市
川越城
19 さいたま市
岩槻、岩槻城
東京
千葉
21 佐倉市
佐倉城
神奈川
22 小田原市
小田原城

茨城県
水戸市
水戸城

黄門様らにあちこちで遭遇 明治維新、発端の街

水戸は明治維新の発火点だ。しかし世間的評価は薩摩・長州に遅れをとっている。気の毒である。だが徳川御三家の一角だった水戸家がなぜ維新の発火点となったのか。それは昭和お茶の間の有名人、水戸黄門に遡る。

黄門こと徳川光圀は若い頃はやんちゃで鳴らしたが、改心して儒学に目覚める。兄を差し置いて藩主になったことを気に病み、兄の子に藩主を継がせるほど、儒教道徳にこだわった。中国の学者・朱舜水を師として迎え、有名な「大日本史」の編纂に取り掛かる。この時に重用されたのが格さんのモデル安積澹泊（あさかたんぱく）、通称覚兵衛。助さんのモデル佐々十竹（さっさじっちく）、通称介三郎である。**3人の像**が水戸駅北口にある。編纂のため水戸藩の学者が資料を訪ね歩いたことが、黄門様の諸国漫遊のイメージとなったらしい。近くには光圀生誕地のお堂がある。

大日本史では日本史の大義名分を明らかにするということが重要だった。しかしそれを突き

水戸駅北口広場にある水戸黄門主従の像

詰めると、所詮将軍は天皇から政治を預かっているのだ、ということに行き着く。梅の名所、**偕楽園**を造った9代藩主斉昭は、光圀の方向性をさらに高め尊王攘夷思想を確立する。この言葉は、斉昭が作った**藩校・弘道館**の設立理念で初めて述べられたものだ。「尊王攘夷」の語を記した「弘道館記碑」が、弘道館内の八卦堂にある。

斉昭はペリー来航の際、話し合うと見せかけて油断させてペリーを斬り、艦隊を乗っ取れなどと荒唐無稽な提案をして幕閣を困惑させている。

しかし斉昭死後の水戸藩は、幕府につくか朝廷につくかで内紛を起こし内戦状態となる。最後の将軍が水戸出身の慶喜だったこともあり、明治政府には人材を出せず、種を蒔いた維新の成果を、薩長にさらわれてしまった。まったく気の毒である。

水戸城

日本100名城。平安時代末期築城。佐竹氏から江戸時代は水戸徳川家の居城に。大手門と櫓が再建されている。城内の弘道館は国重文で国特別史跡。

復元された水戸城大手門

栃木県

宇都宮市

宇都宮城

餃子だけではないカフェの街 新型路面電車でも注目

宇都宮といえば餃子の街？　大谷石の街？　違う。**カフェの街**である。

市内には、おしゃれで個性的で居心地の良いカフェが数多くある。そんなの東京の方が多いよ！　というご意見もあろう。しかし人口約50万、都市圏全体でも100万人の街と、23区内だけで900万人が住む東京を比べてはいけない。

なんといっても歩ける範囲に多くの店がある。古民家風カフェの「**カフェマリオ**」、森の木々を見下ろすテラスの「AGカフェ」、モダンなインテリアがゆったりと並ぶ「**フダン・カフェ**」など。

食材もいい。近郊野菜などを生かしたサラダ、特産のイチゴのデザートやフルーツサンドなどは絶品である。ランチにパフェとストロベリーサンドがセットにつくカフェまである。

また大谷石造りの店舗が多い。倉庫や蔵を転用しているのだ。大谷石は音を吸収し落ち着いた雰囲気になる。見栄えも良い。天井まで5、6メートルもある石造りの店で、ゆったりコー

ヒーを飲むなど至福である。
なぜ宇都宮にいいカフェが多いのか不思議だが、紅茶の消費量が多いなど、じっくり時間を楽しむ習慣があるようだ。空き倉庫の多さや食材の豊富さも重なり増えたらしい。「宇都宮　カフェ」で検索すると数多くのリストが出てくる。是非お好みの店を。

そして最近の注目は**ＬＲＴ（ライト・レール・トレイン）**。要は路面電車だが、国内での新開通は70年以上ぶりの路線として２０２３年にできた。その間の技術革新を反映して、実に静かで乗り心地がいい。車椅子でもホームから直接乗れ、Wi-Fiもある。広告は全てモニター。座席は革張りでドアも連結部も手など挟まれにくい構造だ。現在は宇都宮駅東口止まりだが、将来は**城**もある西側市街地に伸びるという。楽しみである。

モダンなデザインのLRT

実はハリボテの土塁の上に建つ復元宇都宮城の櫓と塀

宇都宮城
平安時代築城。江戸期は将軍が日光社参の際に泊まる城だったが、維新後破壊され、現在の城は鉄筋コンクリートで造って土塁に見せた珍しい城。

群馬県

前橋市

前橋城

蚕で建てた前橋城 日本の近代化を支えた生糸の街

前橋城は蚕で建てた城だ。そして、戦国以来の伝統築城技術で建てられた最後の城でもある。

前橋は元は厩橋（まやばし）と言った。今も市内の広瀬川に厩橋（うまやばし）が架かる。

戦国時代からの要地だが利根川が城を侵食し、1767年、名を改めた前橋城主だった松平家は、川越に居城を移し城を放棄した。武士が去った前橋は寂れ、領民は藩主の帰城を再三願い出る。しかし藩財政は幕末の沿岸防備などで苦しく帰城どころではなかった。そこに訪れたのが、皮肉なことに鎖国を解いた開国による経済の大転換だった。

開港で生糸は最大の輸出品となる。産地の群馬には需要が殺到し好景気に沸いた。川越藩は生糸貿易を統制下に置き莫大な利益を上げる。前橋の商人も大いに潤った。治水工事で利根川の流路も安定する。こうして機は熟し、時の藩主は幕府に前橋城再建を願い出、前橋の商人らも下村善太郎らを中心に7万両もの築城資金を提供した。下村はのちに初代前橋市長となり、

第2章・関東

県庁前に像が立つ。

ついに1867年、明治維新1年前に、日本の築城技術の粋を凝らした新・前橋城が完成した。たった4年で廃城となるのだが。

維新後も生糸は前橋を、群馬を、そして日本を支えた。日本最初の機械製糸場は藩が造り碑が立つ。前橋城土塁が残る**前橋公園**には、初代群馬県令の楫取素彦（かとりもとひこ）と妻の寿（ひさ）（吉田松陰の妹）が、松蔭形見の短刀を、生糸商人・新井領一郎に手渡す像がある。

前橋商人の主導で日本の生糸は米市場を席巻し、日本海海戦の連合艦隊も「蚕で造った」といわれる。また高崎に移っていた県庁を、商人らが3万両もの献金をすることで前橋に呼び戻した。巨大なレンガ倉庫など多くの生糸関連の史跡が残り、「前橋絹遺産MAP」なども用意されている。日本の絹の歴史を前橋で知ってはどうだろうか。

群馬の生糸産業発展の一場面を表した楫取素彦らの像

県庁近くにあるわずかに残った前橋城の土塁

前橋城

15世紀末ごろ築城。戦国期は上杉・北条の争奪の場となった。江戸中期から越前松平家領。土塁や城門跡がわずかに残る。

埼玉県
さいたま市
岩槻、岩槻城

街中にあふれる雛人形
将軍宿泊の街に残る土塁

岩槻を訪れるなら初春がいい。街中が艶やかな雛人形で埋め尽くされるからだ。

今はさいたま市の区となったが、岩槻は人形の街として有名だ。京都などが本場と思っている方もいると思うが、全国の人形生産高は埼玉県が圧倒的に多い。中でも鴻巣市などを引き離し、さいたま市岩槻区がその中心になっている。

人形といえば雛人形。江戸時代からの伝統がある岩槻では、各家々に古くから伝わる立派な雛人形がある。それを2月最後の土曜日から3週間に渡って一斉に商店などの店先に飾る。冬寒の街に一気に春が訪れたかのような華やかさだ。

これは「まちかど雛めぐり」という催しの一環で、展示場所は数十か所にもなる。かつての日光御成道、国道122号沿いを中心に、菓子店、蕎麦屋、金物店、不動産業……あらゆる店が参加している。

展示場所には明治期の土蔵や大正期の洋館など、建物自体に趣きがある場所や、まさに人形師の店などもある。江戸時代の珍しい人形なども少なくない。また雛人形を置くだけでなく、せんべい店では割れせんサービス、パン屋は季節限定パンを売り出すなど特典もあり楽しめる。着物の着付け体験や人形作りなどのイベントも開かれる。

岩槻城大構の土塁上に建つ愛宕神社石段に並んだ雛人形

中でも見どころは岩槻駅から5分ほどの**愛宕神社**。本堂前の30段ほどの石段に真っ赤な毛氈(もうせん)を敷き、あちこちから集めた雛人形を数百も飾る。展示は期間中の土、日曜日だけで雨の日は中止になるが、一見の価値がある。

「雛めぐり」期間中に行けなくとも、雛人形がみられる場所もある。まずは駅前の「東玉人形博物館」。人形店のビルの4階にあり、100円で雛人形の歴史がわかり、古い人形の展示も数多い。

さらに2020年にかつての市役所跡地に**岩槻人形博物館**がオープンした。ここでは「埼玉の人形作り」と「日本の人形」という常設展示のほか、常に特別展を開催している。

岩槻が人形の街となった理由には諸説あってよくわからない。ただ明治ごろまでは鴻巣の方が大生産地で、岩槻がトップになるのは昭和から戦後にかけてである。震災や戦災を逃れた東京の人形師たちが、より近郊の岩槻に集まったからだという。

実は雛人形は、江戸時代から武家に広まった比較的新しい習慣だ。庶民に広まるのは明治からさらには戦後で、大消費地となった江戸東京に近い岩槻が栄えたのには、そうした背景があった。

岩槻城は、太田道灌が築いた城と長らくいわれてきた。街には太田道灌の像がいくつもある。しかし近年異説も出て論争中である。

城はその後北条氏のものとなり、豊臣秀吉の侵攻に備え城下一帯を土塁と堀で囲んだ大構(おおがまえ)（総

岩槻人形博物館

構）の一部が今も残る。なんとその遺構は、先に紹介した愛宕神社の石段そのものだ。神社はかつての土塁の上に建っている。土塁は岩槻の街を延々と囲い、総延長は8キロにもなった。

城の中心部は、広大な沼に囲まれていたが明治以降ほとんど埋められてしまった。しかし大手門あたりの道の屈曲や堀の高低差はよく残るし、外郭に当たる城址公園には、土塁、壮大な堀切、また北条氏に特有の障子堀跡などがあり、かつての規模を思い起こさせる。

江戸時代の岩槻は、将軍が日光東照宮に参拝する際の宿泊地として知られ、格式の高い街として栄えた。

埼玉では川越の時の鐘が有名だが、岩槻にもある。また200年以上前の藩校遷喬館が小規模ながら残り、近くには明治初期から続く鈴木酒造の酒造資料館もある。

御成道に面した岩槻郷土資料館は、戦前に建てられた警察署を再利用したもので、秀吉の関東攻めの際の焼けた竹矢来の展示など、城の展示がなかなか充実している。

岩槻城址公園に残る土塁と堀跡

岩槻城

1457年築城か。江戸期は譜代の城主が続き、幕末時は大岡氏。城址公園内には門が二つと高い土塁や堀も残る。

埼玉県
川越市
川越城

日本の街並みの展示場 地道な努力で人気観光地に

川越は国内だけでなく、海外からの観光客にも人気だ。それは川越に、様々な日本的街歩きスポットがギュッと詰まっているからだ。

具体的に言えば、お城、神社、お寺、伝統的な街並み、大正レトロな街並み、昭和っぽい商店街。これらがみな徒歩圏にあり、しかも土地が平坦で都心から最短で30分。これで観光客が集まらない方がおかしい。東京に近い観光の街といえば鎌倉、小田原、佐原などもあるが、これだけ要素が揃った街はない。

お城はもちろん**川越城**。**本丸御殿**の一部が残り国の重要文化財だ。日本には江戸時代からの天守が残る城は12あるが、殿様が住んだ本丸御殿が残る城は2つしかない。そういう意味では大変貴重だ。二条城・掛川城は二の丸御殿。

やや南には広大な境内の**喜多院**がある。江戸の街づくりの黒幕ともいわれる天海僧正ゆかり

第2章・関東

の寺で、徳川家康とここで知り合い、政治顧問として活躍することとなる。火災後の再建の際に江戸城から移築されたという建物は重要文化財で、家光誕生の間などというものもある。

最近人気なのが太田道灌も崇敬したという、城のやや北の氷川神社。１５００年の歴史を誇るが、最近はなぜか縁結びで名高く、海外からも参拝者が押しかける。縁結び風鈴などの風情が人気のようだ。巨大な鳥居などに川越の存在感が現れている。

川越城本丸御殿

そしてなんといっても**蔵造りの町並み**。江戸風と思われがちだが、実は１８９３年（明治26年）の大火後に一斉に再建されたものがほとんど。しかし黒壁が多い土蔵建築の連続は壮観だ。町のシンボルである**時の鐘**は火の見櫓の役割も果たし、現在のものは明治の再建だが高さ16メートル。江戸の町の火の見櫓の高さは最高で15メートルだったというから、大したものである。
その蔵造りの街から一歩入ったところに「大正浪漫夢通り」がある。以前は通りがアーケードに覆われていたが、これを撤去して建物の良さを前面に出した。最近は映画などのロケが多いという。
住民も多い川越は市街地にデパートがあり商店も多い。休憩や食事、買い物にも困らないのがいい。

しかし川越に注目が集まるようになったのは最近だ。川越は江戸時代は関東平野の真ん中にあり、江戸の上流の重要な拠点だった。幕末に藩主家が生糸貿易で大儲けしたこともあり、明治以降も現在の埼玉県地域では抜きん出た経済力を誇った。かつての埼玉銀行も川越創業だ。

しかし鉄道の幹線が大宮から熊谷のラインになり、県庁も浦和になるに至って凋落が始まる。昭和戦後は大きな産業もなく、存在感が薄くなっていった。市街地でも駅前に賑わいが移り、江戸から続く蔵造りの町並み地区は地盤沈下が大きかった。

そこで商店主らが中心となって「川越蔵の会」を立ち上げ、その活用を図ることになる。30年以上も前の話だ。電柱を地中化し、町並み保存や復元を図り、高層建築を規制した。

地道な努力を続けた結果、1985年に約200万人だった観光客数は2000年代に入って急増し、近年はなんと700万人を超えている。4倍近い。

大勢の人で賑わう蔵の街

歩いてみると空が広い！　電柱や電線、高層建築のない視界のなんとさわやかなことか。浴衣姿の若い女性や男性が驚くほど多い。着物レンタル店が多いのだ。また「蔵」というと年寄り臭いように思うがまったく違う。若者好みの食べ物や小物の店やしゃれたカフェ、レストランがひしめいている。

最近は蔵造りの街は人出が多く、車は通行すら困難だ。いずれ規制が必要になるだろう。4、50年前には想像もしなかった事態で痛し痒しだが、街の意志一つでここまで変われるというい い実例だ。

川越のシンボル「時の鐘」

川越城

日本100名城。1457年、太田道真、道灌父子の築城という。現在の城は江戸時代初期松平信綱らの構築。櫓跡や堀の一部が残る。

千葉県
佐倉市
佐倉城

「西の長崎、東の佐倉」日本近代医学の原点

「西の長崎、東の佐倉」という言葉がある。

幕末期の日本で蘭学、特に蘭方医学が盛んだったのは長崎と佐倉である、との意味だ。鎖国下の日本で唯一西洋に開かれた窓であった長崎はともかく、なぜ佐倉なのか？　それは開国を推し進めた佐倉藩主の堀田正睦（まさよし）によるところが大きい。

もともと佐倉藩には成徳書院（長島茂雄出身校の佐倉高校の源流）という学問所があるなど学問が盛んだった。跡地碑が市民体育館前にある。幕末には江戸湾や房総の海防役を受け持ち、海外の知識も必要だった。正睦は19歳で藩の実権を握ると改革を推進し蘭学を推奨した。

そして1843年（天保14年）、高野長英らに学んだ蘭医佐藤泰然を江戸から招き、佐倉順天堂という医学所兼病院を作らせる。**江戸期の建物が残る記念館**が城下のはずれにあり、隣接して今も順天堂医院が診療を続けている。記念館には当時の医療器具が並び、盲腸や乳がん手術

第2章・関東

佐倉順天堂記念館

の様子など、その先進性に驚く。

佐藤の弟子で養子となった佐藤尚中（たかなか）はのち江戸へ戻り、大学東校、現在の東大医学部の初代校長となり、さらに日本最古の大学といえる今の順天堂大学を開く。実子の松本良順も幕府医学所の頭取になり、維新後は初代の陸軍軍医総監となった。佐倉は日本の近代医学の発祥地と言ってもいいのだ。

医学以外でも英学者の手塚律蔵、津田塾大学創設者・津田梅子の父で農学者の津田仙、日本最初の靴製造会社を設立した西村勝三らを育んだ。

佐倉には東京近郊では珍しく**武家屋敷の街並み**が残り、屋敷自体もいくつかが整備され、内部も見学できる。また堀田家が明治以降居を構えた重要文化財・**旧堀田邸**も残る。そして佐倉城内には国立歴史民俗博物館があり、ユニークな展示は是非とも訪れておきたい。

復元された佐倉城の角馬出空堀。実際より浅い

佐倉城

日本100名城。16世紀前半築城。現在の城は1610年、土井利勝築城。壮大な土塁と堀が特徴。中心部は佐倉城址公園。陸軍時代の遺構も。

神奈川県
小田原市
小田原城

戦国の巨大城郭をハイキング　北条氏の先進性偲ぶ

小田原では「城下」より「城周り」のハイキングをぜひ楽しんでいただきたい。というのも、全国の大名たちが真似た日本のお城のスタンダードが、しっかりと山中に残っているからだ。

駅西口を出ると、北条五代の祖、**北条早雲像**が出迎えてくれる。昔は氏素性の怪しい下克上を体現した人物と思われていたが、近年の研究の結果、京の将軍側近衆で、駿河の今川家に補佐役として派遣された人物とわかっている。

バスで「税務署前」というバス停を目指す。土日は本数が少ないので注意。歩いても20分ほどだ。バス停手前の「税務署西」という信号T字路を山側に入る。最初の角を左に登っていくと「**城下張出**」という巨大な城郭遺構が忽然と現れる。ここは最近テレビで有名になった。

高低差10メートルはあろうかという空堀跡が、住宅街の一角に階段状に残っているのが驚きだ。そのまま坂を上り、「童謡の散歩道」案内板がある分岐を右に行くと、次々と壮大な空堀

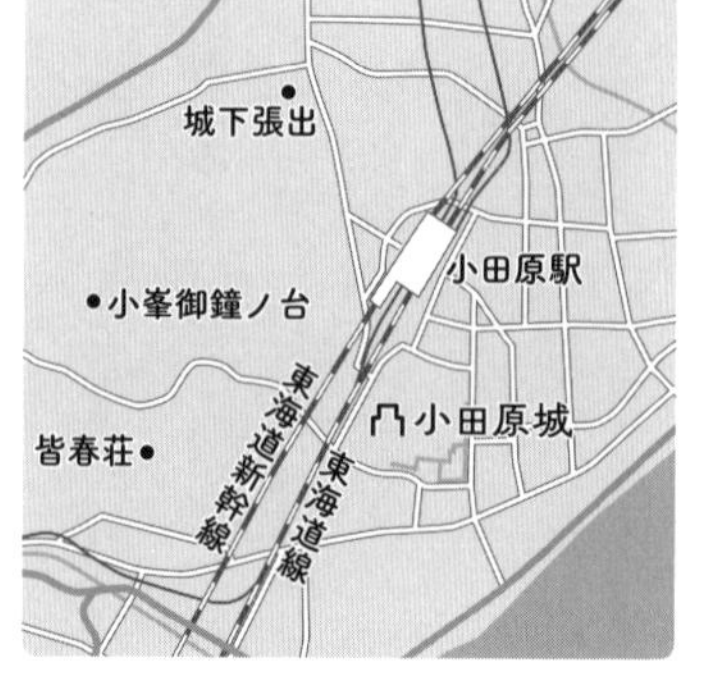

と土塁が現れる。これが総構（惣構）と呼ばれる小田原城最外郭の守りだ。

日本の城は中世の館から発展し、山城から平地に降り、石垣や堀を巡らせた城郭に発展する。戦国大名の成長につれ経済も重視され城下町が誕生する。しかし城攻めとなるとこの城下町は焼き払われ大きな被害を受けた。これを解決しようとしたのが総構だ。城下町全体を取り囲んで守ることで、領民を安心して城下に住まわせ、領国の繁栄を目指したのだ。

最古の総構は摂津の伊丹城といわれるが、本格的に導入したのは北条氏だ。有名な小田原攻めでは秀吉もこれを破ることはできなかった。小田原城は落城したわけではなく、北条氏が無用な犠牲を避けて降伏しただけなのだ。

小田原駅西口広場にある北条早雲像

総構の効果には城攻めに参加した全国の諸大名も驚いた。秀吉は真似をして京の街を取り囲む御土居を造る。前田氏、毛利氏など大大名もみな模倣し、江戸城の広大な外堀も小田原城から構想を得たのは間違いない。こうして全国の城下町に総構が造られるようになった。

ミカン畑などが点在する気持ちのいい散歩道を進んで行くと、「稲荷森」という場所では深い堀底を見ることができる。最近は市民団体などが草刈りなど整備していて、堀の様子がよくわかる。さらに進むと「**小峯御鐘ノ台**」という場所に出る。ここは城の突出部で**土塁や空堀**が三重になっている。総構は単なる線ではなく、複雑に絡み合い要塞化しているのだ。堀の幅は最大30メートル、深さは12メートルという。

　ここから下っていくと明治以降の大富豪らの邸宅地だ。総理大臣を務めた清浦奎吾の別荘で、のちに元老山縣有朋が所有した「**皆春荘**」は、小ぶりながら工夫が施された庭園や建物が素晴らしい。そこから竹の小径を抜けると松永記念館。こちらは電力王といわれ、戦前・戦後に活躍した実業家松永安左エ門の別邸が、市によって公開されている。茶の湯にこだわった松永の趣味が現れた老欅荘（ろうきょそう）が見ものだ。さらに下った早川沿いには北条氏が造った水道「早川上水」の取水口があり、今も市街に水を流している。これは江戸の神田上水の手本となったといわれ、実は江戸の街づくりは北条氏から大いに学んでいる。

小田原城の復元天守

小田原城総構の御鐘ノ台空堀

早川上水あたりはもう平場で、旧東海道が並行して通じている。江戸へ向かう道筋がかつての城下町、宿場町の中心だ。総構は街道の南、海岸沿いに築かれていた。街道沿いには名物の「外郎(ういろう)博物館」や戦前の網問屋を利用した休憩施設「小田原なりわい交流館」などがある。またやはり名物のかまぼこ店が周辺には多く、「かまぼこ通り」などと呼ばれる。食べ歩きなど様々なイベントを企画しているので、要チェックだ。

東海道の江戸側には一里塚跡があり、少し西の蓮上院にも平地の総構土塁が残る。総構の全体は一周9キロもある。小田原市は詳細な「小田原城総構マップ」を発行しており、道筋や史跡がよくわかる。ぜひこれを手に踏破にチャレンジしてほしい。

小田原城

日本100名城。国史跡。15世紀中頃築城。15世紀末に北条早雲が奪い1590年まで居城。江戸期は主に大久保氏の居城。天守、門などが復元されている。

Column 2

日本の都市に共通する構造

明治政府は江戸時代の３００か所ほどの大名領地を基本に、その後統廃合を進めて現在の都道府県を定めました。都道府県庁は多くが城の政庁を引き継いだため、現在のような所在地の８割が城下町、ということにつながっています。

政庁の建物は天守があった本丸などではなく、大名が実際に暮らしていた御殿にあったため、都道府県庁も城内ではあるものの中心ではない、広い二の丸、三の丸跡にある場合が多くなっています。

また江戸時代までは城は軍事施設ですから、明治になると軍が駐留する城が出てきます。その際に兵舎建設の邪魔になると、天守や堀などが破壊されたのは残念なことです。ただ軍用地は近代化が進むとより広い場所に移動していき、跡地は公園などになります。

明治時代には全国に鉄道網が発達しますが、用地買収の難しさや建設費の節減の観点から、多くの場合鉄道の駅は城からかなり離れて設置されていきました。小田原・甲府・福山など城を突っ切ってできた鉄道や駅もありますが少数派です。

こうして日本の都市の典型は、何もない城跡と近くの県庁・市役所、その周りの古くからの街と、やや離れた鉄道駅とその前で賑わう新しい街、という構造になっていきます。全国で古い街並みが結構残っているのは、このような事情が影響しています。

第3章 中部

23 村上市
村上城
28 七尾市
七尾城・小丸山城
24 上越市
高田、高田城・
春日山城
新潟
26 高岡市
高岡城
25 富山市
富山城
27 金沢市
金沢城
富山
34 長野市
松代、松代城
30 坂井市
丸岡、丸岡城
石川
35 上田市
上田城
36 小諸市
小諸城
29 福井市
福井城
41 郡上市
郡上八幡城
長野
37 松本市
松本城
31 大野市
越前大野城
40 高山市
高山陣屋・
高山城
福井
岐阜
山梨
33 甲府市
甲府城・
躑躅ヶ崎館・
要害山城
32 小浜市
小浜城
38 伊那市
高遠城
43 大垣市
大垣城
静岡
愛知
42 恵那市
岩村、
岩村城
39 岐阜市
岐阜城
46 犬山市
犬山城
44 静岡市
駿府城
45 掛川市
掛川城
47 岡崎市
岡崎城

新潟県
村上市
村上城

鮭の回帰見つけた武平治を思う 食べ尽くす食文化に敬服

鮭は生まれた川に帰って産卵する。今では当たり前の知識だが、江戸時代まではそうではなかった。なんとなくそうではないか、という程度の話だった。そんな中、鮭の産卵場所を保護すれば戻ってくる鮭が増えるのではないか、という現代の人工孵化・放流につながる発想を得て、日本で初めて実行に移したのが村上藩の武士、青砥武平治だった。

村上市内を流れる三面(みおもて)川には鮭が遡上し、古代から朝廷に献上されるなど漁も盛んだった。ところが乱獲のせいか江戸時代中頃になると漁獲が激減し、漁獲への藩の課税数百両もほとんどなくなった。

そこで武平治は、三面川の一部を区切って「種川」と称し、産卵しやすい工事も行って禁漁区として、鮭の回帰を増やすことを目論んだ。工事は30年もかかったが、この結果鮭の遡上は急激に増え、多い年には税収が3000両近くにもなった。

イヨボヤ会館の鮭の遡上観察窓

城下からほど近い三面川のほとりに、大きな鮭が掲げられた**イヨボヤ会館**が建つ。イヨボヤとは村上方言で鮭のこと。武平治の業績や鮭の生態などがわかりやすく展示されている。いちばんの見所は鮭の遡上の観察。11月ごろに限られるが、川べりに設けた地下の観察窓から、鮭の遡上や運が良ければ産卵の様子を見られる。近くの川では、1日1、2回、「居繰網漁(いぐりあみりょう)」という伝統的な鮭漁の様子の実演もしている。また冬期には、卵から徐々に育って稚魚になる過程なども見られる。

明治に入ると人工孵化技術が導入され、鮭は村上を支え続けた。鮭漁は地域の共同事業として行われ、その利益で奨学制度を設けた。受給した者は「鮭の子」と呼ばれ、多くの人材を輩出した。こうした元を築いた武平治の像は、会館裏で今も川を見つめている。

豊富な鮭を利用した独特の鮭食文化も村上には育った。冬になると、**塩引き鮭**があちこちに吊るされて壮観だ。城下町の鮭を扱う店で見ることができる。食べ方も塩引きを熟成させ、食べるときに酒をかける酒浸しや粕漬け、味噌漬けなど様々にあり、より旨みを引き出している。

また鮭を少しも無駄にしない。皮は炙って食べる。「どんびこ」と呼ばれる心臓や、腎臓、肝臓、胃袋などの内臓も味わう。歯ごたえがあっておいしい。氷頭（ひず）なますという頭の軟骨はコリコリとしてハラコ（イクラ）や大根おろしと合わせるといい。村上の鮭料理は100種以上あるといわれるが、城下の専門店や、近くの瀬波（せなみ）温泉のホテルなどで食べることができる。

習慣も独特だ。夕食で鮭料理を食べた店では「鮭のいちびれ（カマ）を食べると罪悪感を感じる」と若女将に言われた。もっとも美味しい部分なので、家長しか食べてはいけないのだそうだ。「死ぬ前に食べたいのは塩引き鮭」という人もいた。鮭が戻りやすいように海辺の森は大事にしているともいう。輸入物の安い鮭ばかり買って焼いて食べているだけでは恥ずかしい。鮭をもっと愛そうと思った。

修復が進められている村上城頂上付近の石垣

村上城は城下の背後にそびえる臥牛山（がぎゅうざん）に天守があった。城にしてくれと言わんばかりに、

平地の中に突然そびえ立つ急峻な山だ。しかし麓の市街からは、極めてよく整備された七曲りという道があるので、ここはひとつ登ってみたい。息は切れるが15分ほどで稜線に出る。すると驚くほど立派な石垣群があるのがわかる。さらに歩いて天守跡まで行くと、西に日本海、東に飯豊山を望む絶景で、三面川もよく見える。息を弾ませた甲斐がある。

城の下には**村上市郷土資料館（おしゃぎり会館）**があり、先に書いた鮭の文化についての見本を使った展示や城の歴史のついての解説があり、理解が深まる。

村上の秋の風物詩、塩引き鮭を干す風景

村上城

日本100名城。国史跡。16世紀初築城。戦国時代は上杉氏と争った本庄氏の居城。幕末時城主は内藤氏。

新潟県
上越市

高田、高田城・春日山城

あえて豪雪時に訪れたい日本最長の雁木を探索

高田は**雁木（がんぎ）の街**である。雪国新潟でも特に雪深い上越市だが、高田地区では最深積雪377センチという都市部では日本一の記録を持っている。そこに江戸時代から生活の知恵で造られたのが「雁木」だ。

通りに人が通れる庇を連続して設け、雪がいくら積もろうとその中を通っていけるという木造アーケード。高田の総延長は16キロで、2位長岡5キロの3倍以上と圧倒的な長さだ。江戸期の記録に、その初期にはあったと記されている。

同様のものは全国の積雪地帯にあり、青森では「小見世（こみせ）」と呼ぶなど名前は各地で異なる。自動車交通の発達などで撤去された街が多い。しかし高田では、この景観を守るためあえて雁木を残し、補助金まで出して空き家や更地になった場所にも雁木を再生している。

一番雪深い時期に行ってみた。雁木がなく凍結した歩道との歩きやすさの違いは歴然だ。車

道に積まれた白い雪に陽が反射し雁木の下にも光が届く。町家の窓に木造の格子などが続くと、まるで寺院の回廊のようだ。まっすぐな通りでは、道路側の木の柱や屋根が気が遠くなるほど続いていてめまいがしそう。

歩き回るだけでも楽しいが、明治時代の町屋を改装した交流館「高田小町」には、雁木の歴史や構造などが展示してあり興味深い。過去の豪雪時の写真では、車道全てが雪で埋め尽くされる。そんな時街の人は、雁木と道の雪に掘ったトンネル、雪ろうかで行き来した。

小町の向かいには100年以上前から上映を続けている日本最古級の映画館「**高田世界館**」もある。味噌店、桶屋、染物店など古い建物も多い。どれも駅から徒歩で行ける。ぜひ雪の時期を楽しんでほしい。

遥か彼方まで続く高田の雁木

高田城

続日本100名城。1614年築城。江戸中期以降は榊原氏が城主。復興天守と堀などが残る。上杉氏の春日山城は同一市内だが直江津地区。

高田城の復元天守

富山県
富山市
富山城

川の中だった中心街 神通川との戦いがもたらした変遷

富山市の中心街は、100年ほど前まで川の中だった。

富山平野の暴れ川・神通川は、大昔は市街のはるか西を流れていた。それが大洪水で流路を変え、400年ほど前に佐々成政が支配する富山城下に流れ込んだ。佐々は治水工事を施し川を外堀として城下を再整備する。これが富山の基礎となり江戸時代は大きな流路変化はなかった。

城の北側を川が流れ、その姿から浮城とも称された。城下を通る北陸街道が神通川を渡るには暴れ川ゆえ橋はかけられず、船を並べて鎖でつなぎ、上に板を渡す**船橋**とした。船は64艘で長さは200メートル以上、幅は10メートルにもなった。たもとの茶屋では鮎のなれずしが振る舞われ、これが明治に鱒に変わったのが富山名物「鱒寿司」の発祥だという。

船橋は危険で両岸に常夜灯が立てられ転落を防いだ。今も常夜灯は残るが、肝心の広大な神通川の姿がどこにもない。実は城北の神通川蛇行部はしばしば氾濫し、このため洪水時だけ水

を一直線に流す水路が1903年に開かれた。ところが1914年の大洪水で、思惑を超えてこちらに本流が移ってしまう。以来神通川は現在の流路となるが、旧流路に水が流れなくなり、市街地を分断する広大な荒地となった。

昭和になり、駅北から富山湾まで運河を開削し、その土で旧流路を埋める工事が行われ1934年に完成する。翌年そこに県庁が移転するなど、市役所、警察など都市の中枢機関が次々と移って中心市街地となる。

しかし運河は水運衰退とともに無用の長物となり、埋め立てる案まで出たものの、今は**富岩運河環水公園**として再生され素晴らしい観光地に変貌した。神通川跡の松川などとともに遊覧船で楽しめる。街の歴史、一体何が吉と出るかわからない。

江戸時代に描かれた富山の船橋(国立国会図書館蔵)

富山城博物館。実際にはこのような城はなかった

富山城

続日本100名城。1543年築城か。上杉謙信死後織田領となり、信長死後佐々成政が城主となる。江戸期は前田領で1639年に分家の富山藩が成立。

富山県
高岡市
高岡城

銅像の生まれ故郷は高岡だった
江戸時代に珍しい商工都市

日本武尊、両津勘吉、武田信玄に上杉謙信、ベーブルース……。みな高岡市生まれである。といっても銅像の話。だがこれだけではない。実は全国の銅像のほとんどが、高岡市で作られている。

高岡で銅器作りが盛んになったのは、加賀前田家2代の利長が鋳物師を城下町に招いてから。商工都市として栄えた高岡で銅器作りは発達し、仏具のほかニシンを煮る釜などの実用品も手がけるようになる。幕末には輸出も盛んになったが、明治維新で一つ転機が訪れる。

日本ではそれまで人間の像を作ることはあまりなかったが、西洋との交流で銅像の存在を知り、制作注文が高岡に来るようになったのだ。日本最初の銅像は高岡の職人が作った金沢市の兼六園にある**日本武尊像**で、1877年のこと。よく日本初と紹介される靖国神社の大村益次郎像は1893年、上野の西郷隆盛像は1898年で、日本武尊はこれらよりはるかに古い。

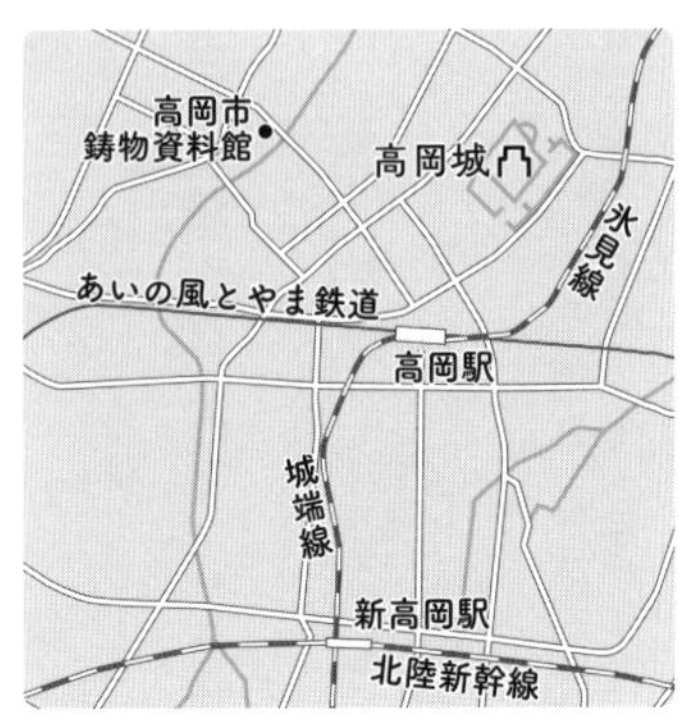

以来、一時は日本の銅器生産の9割を占めた高岡で多数の銅像が作られてきた。川中島にある信玄謙信一騎打ちの像や岐阜市の織田信長像も高岡製。そして近年、また転機が訪れる。各地でのキャラクター銅像制作ブームだ。境港市のゲゲゲの鬼太郎、東京都葛飾区のキャプテン翼や「こち亀」の両津巡査長、世田谷区のサザエさん一家などなど。高岡市にもドラえもんの像がある。銅像が親しみやすい、身近なものに変わっているのだ。

金沢市の兼六園にある日本武尊像

鋳物師たちの街はその名も金屋町と呼ばれ、今も一角は重要伝統的建造物群保存地区となって往時の雰囲気を残す。**高岡市鋳物資料館**では、高岡銅器の歴史や製作法、現代の工芸品などに触れることができる。近くには手軽に購入できる銅工芸品の店や製作見学できる店も多く、楽しめる。

高岡城

日本100名城。国史跡。1609年、前田利長の隠居城として築城。利長の死で1615年廃城。壮大な堀や石垣がそっくり残る。

高岡城の広い堀

石川県
金沢市
金沢城

「まいどさん」とオーダーメイド散歩 江戸の空気残る寺町で落ち着く

「もうホテルの名前が覚えられなくて困ってるんですよ」。取材に行った際、タクシー運転手がぼやいていた。なじみのないカタカナ名のホテルや小さなゲストハウスが金沢では激増しているからだ。

金沢は昔から観光地として人気だったが、2015年の北陸新幹線開通で観光客が急増。特に女性と外国人が増えた。巨大なモニュメントである**鼓門**（つづみもん）**がそびえる金沢駅**には、多数の外国語が飛び交っている。

人気の秘訣は様々な見所がある点だろう。食、工芸、城、庭園、街並みと、とても1日で周りきれない。私も取材テーマを絞るのに悩んだ。

困って金沢在住の知人に知恵を借りると「それなら『**まいどさん**』に頼めば?」。地元の人が言うのだから間違いないが、はて「まいどさん」とは?

これは金沢の方言で「こんにちは」ぐらいの意味。金沢観光ボランティアガイドの会の愛称だ。会員数は300人を超え、にし茶屋街、ひがし茶屋街、長町という主要観光拠点に常駐し、情報提供はもちろん、手が空いていれば同行してガイドしてくれる。さらに素晴らしいのは、事前に時間、希望場所、内容などをネットで申し込むと、最適任のガイドを選んで希望に沿ったガイドをしてくれるのだ。

金沢駅のシンボル、鼓門

私も**寺町**の案内をしてもらうことにした。お城も**兼六園**も行ったことがあり、茶屋町は賑やかすぎてためらうと言うと、寺町を勧めてくれた。

待ち合わせ場所に行くと、制服の黄色いウインドブレーカーを着、帽子をかぶった上品そうなご婦人が現れた。手にはたくさんの資料が入ったバッグ。案内を始めていただいて舌を巻いた。実によく勉強している。急に見つけた明治の著名人の墓について質問してもすぐに答えが帰ってくる。「この人のこと知ってる方初めてです」と感心されたが。同行の入場料や昼食を挟む場合の昼食代は必要だが、謝礼が一切いらないのは申し訳ないほどの満足度だった。

他にも金沢市には外国人向け、障害者向け、金沢城と兼六園専門などのガイドがいる。こういうソフト面が充実した街は再訪の気持ちがいや増す。

さてその寺町。ただ寺町といえば金沢では普通、城から犀川を挟んだ南の台地上に連なる一角を指す。一向宗はじめ強力だった加賀の寺社勢力を城近くに集めて手なづけるのと同時に、南からの敵への砦とするために造られた。

有名な忍者寺もこの一角。金沢市は本格的な爆撃を受けなかったため古寺と路地がよく残っている。堂宇も古いものが多い上に寺によって味がある。

最後に井上靖ゆかりの犀川に面したW坂に出ると、遠くに金沢城本丸の森が見えた。坂下ではガス灯が出迎えてくれ、いい感傷に浸ることができた。

金沢というと兼六園となるが、近年復元が進む**金沢城**も他に類を見ないもので必見だ。特筆したいのは木造で再建した菱櫓から五十間長屋を経て橋爪門に至る横幅１２０メートル近い建物群。2階建ての高さ10メートル、奥行き7メートルもの破格の規模の巨大要塞が連なる。唐破風（からはふ）の出窓を多数備え、さすが加賀１００万石の城と唸らされる。

金沢の寺町を案内する「まいどさん」

壮大な規模の金沢城五十間長屋

別の意味で唸るのが玉泉院丸。金沢でよく使われる地元の戸室石を短冊状に切って彩りを違えて組み、防御と同時に、石垣を芸術に仕上げている。2代藩主正室用の屋敷として造られ、時折行われるライトアップイベントなど感動ものである。

2020年には前田家ゆかりの尾山神社から玉泉院丸に通じる巨大な**鼠多門**(ねずみたもん)が復元され、中心街からのアクセスが格段に向上した。

また城の南側は近年話題の**21世紀美術館**だけでなく、旧県庁、旧石川四高、旧陸軍兵器庫の石川県立歴史博物館、旧陸軍第九師団司令部だった国立工芸館などゆったりした敷地にレトロな建物群が並び、眺めるだけでも落ち着く。2回も3回も訪れたい街だ。

金沢城

日本100名城。国史跡。門などに国重文。1580年築城。1583年前田利家入城。二の丸御殿の復元整備を計画中。

石川県
七尾市

七尾城・小丸山城

驚きの巨大山車「でか山祭り」前田利家出世の地に残る優美な暖簾

七尾の祭りは正式には青柏祭（せいはくさい）というが、そんな名で言う人は少ない。「**でか山祭り**」。ほとんどの人がこう呼ぶ。

文字通り「山車」が「でかい」。でかいなんてものではない。恐ろしくでかい。初めて見た時は、声を出して笑ってしまった。

都市部ではお祭りにはお神輿と思っている人が多いが、実はあれは明治以降電線が街を覆い始めてからのもの。日本の祭りの伝統は山車（屋台）の引き回し。有名な青森県のねぶた（ねぷた）も山車の変形だ。

しかし各地の山車の高さは8メートルからせいぜい10メートル。京都の祇園祭の鉾の頂上は25メートルにもなるが、あれは柱が飛び出しているだけで、屋根部分はやはり8メートルぐらいだ。

ところがこのでか山祭り。山車の最高部高さはなんと12メートル。明治期までは最大18メー

トルもあったという。高さだけではない。山車は横から見ると上に行くに従って前後に開く逆「ハ」の字型をしており、その幅はなんと13メートル。そこに上杉謙信と七尾城攻防戦とか、義経千本桜とか、歌舞伎や伝説の場面を人形と舞台で作り込む。

でか山祭りの巨大な山車

上に行くほど大きい舞台が、ただでさえ大きいでか山をさらに巨大に見せている。そして驚くことにでか山は内部に入り込め、子供らは舞台の周りに座ったまま山車は運行していく。

山車全体の重さは20トンで車輪の直径は2メートルにもなる。前に3本の綱がつき誰でも引くことができるが、こんなに重いのに大人が速足で歩くぐらいの速度が出る。

最近は電柱が撤去された場所

もあるが、まだ残る場所には特別に高く電柱を立て、電柱上の装置や信号機は祭り期間中向きを変えて衝突を防ぐ。が、それでも頻繁にぶつかって破損するという。夜も巡行するので電柱には赤色灯までつける。

山車は3台。市内3つの地域が毎年分担して、祭礼が奉納される大地主（おおとこぬし）神社から市街の決められたコースを巡行する。全国的に有名な祭りではないので、多少混雑はするものの誰でも山車に近づけ、自分で引いて、迫力を体感できるのが魅力だ。

山車は祭りのたびに組み立てられるが金具は一切使わず、祭り直前に採った藤蔓（ふじづる）で締めて組み上げる。まだ湿った蔓の伸縮と締めた部分の伸び縮みで、巨大な山車がたわんで壊れないのだという。木組みを莚（むしろ）で覆い、さらに美しい垂れ幕で飾る。風にたなびく姿が美しい。

祭りは500年以上前に始まったといい、江戸時代の絵馬には今と同じ様なでか山が描かれ、大正や戦前からは写真も残る。なぜこんなに大きくなったのかは不明だが、七尾にも寄港する北前船をかたどったのではないかという。「青柏祭の曳山行事」として国の重要無形民俗文化

花嫁のれん館に展示されたいろとりどりののれん

財でもあり、今は毎年5月の3、4、5の連休中に行われる（能登半島地震で2024年1月時点開催未定）。北陸新幹線開通でアクセスは良くなったが、間近で楽しめるほどほどの人気を失わないで欲しいものだ。

七尾には「花嫁のれん」という風習も残る。女性が嫁入りする際、実家の家紋を入れた背丈ほどもある美しい暖簾を仕立てて婚家の仏間入り口に飾り、花嫁はそれをくぐってご先祖にお参りして結婚式が始まるというものだ。

幕末頃に始まり、石川県や富山県などかつての前田家領内で行われていたが、仏間がない家も増え、今は七尾市ぐらいでしか行われなくなった。

1回しか使われない暖簾だが、最近はでか山期間中は各家の道路から見える場所に飾るようになった。また「**花嫁のれん館**」という施設ができ、通年で見学もできる。明治以降徐々に華美になって行く様子を丁寧に解説してくれる。白無垢を着て花嫁のれんをくぐる体験もある（能登半島地震で休館中）。

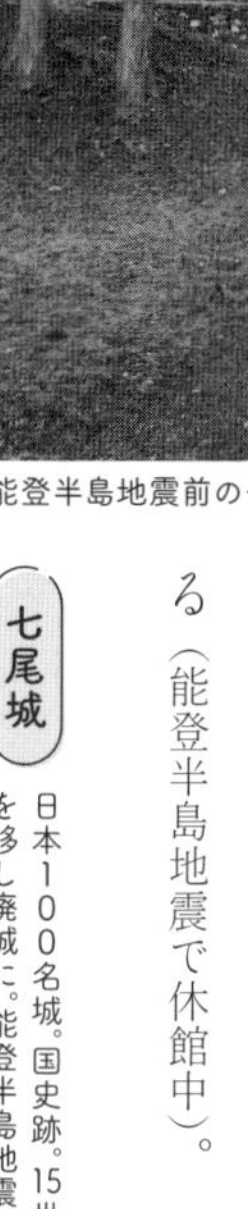

能登半島地震前の七尾城の石垣。地震で大きな損傷を受けている

七尾城

日本100名城。国史跡。15世紀前半築城。前田利家が1589年に七尾市街地の小丸山城に城を移し廃城に。能登半島地震で石垣が崩れ閉鎖中。小丸山城も江戸初期には廃城となった。

福井県
福井市
福井城

特産の石の歴史に触れ 福井人の師、橋本左内を偲ぶ

越前平野は古代から栄えた地域だ。「現皇室は福井県出身」という展示が現地にあった。現皇室に連なる継体天皇は越前国から大和に迎えられたからだそうだ。天皇の巨大な石像が福井市街を見下ろす**足羽山**（あすわやま）の頂きに立つ。像はその足羽山特産の笏谷石（しゃくだにいし）で刻まれている。

笏谷石は越前の繁栄を彩る重要な存在だ。古墳の石室や寺院の敷石などに使われ、戦国末期からは城の屋根瓦に加工して用いられた。「石の瓦？」と聞くと瓦を作れなかったのかと思うが、豪雪寒冷地の福井では、陶製瓦では凍結して割れてしまうことがあった。その点笏谷石を削り出した瓦は耐久性があり、実用的だったのだ。

石が削れるのか？　と思うが、笏谷石は関東の大谷石と似てノミなどで簡単に加工できる。周辺では石仏や祠など様々に使われており、中には市内の九十九橋のように石の橋もあった。越前の繁栄は三国湊などに代表される日本海交易によっても支えられていたが、笏谷石はそ

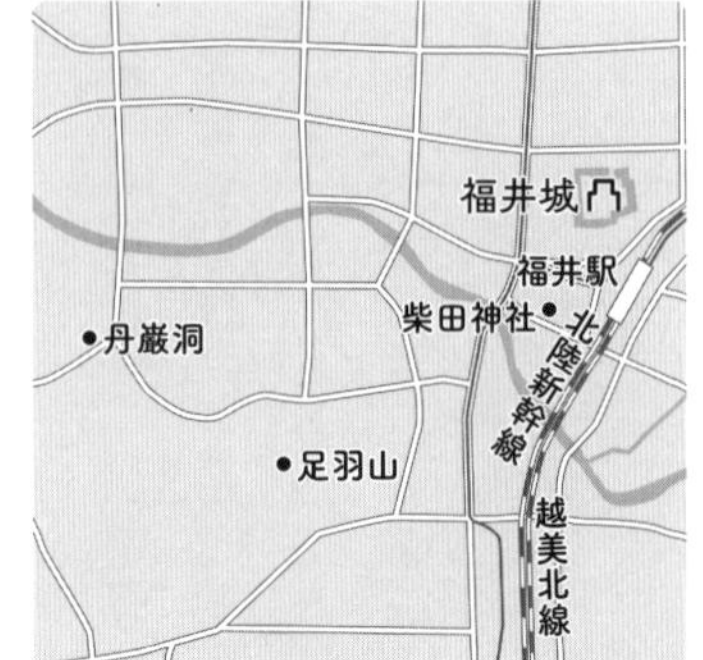

丹巌洞にある笏谷石を採掘した後の洞窟

の船に乗せる重要な交易品だった。加工しやすく、水に濡れると美しい青色になり、日本海沿岸各地で様々に珍重された。

山形県鶴岡市には江戸時代初期の笏谷石製の巨大な鳥居が残る。同じく酒田市の日和山にも石畳がある。松前町の項で触れたが（16頁参照）松前藩主の墓は笏谷石で作られている。他にもむつ市、舞鶴市、松江市など日本海側の至る所にある。交易品であるとともに、船の安定を保つバラスト材として使われていたのも広まった理由だ。

足羽山の周囲では近年まで採掘が行われていたが、今はほとんど休止状態だ。あたりにはかつての採石跡があちこちにある。七つ尾口廃坑は地下トンネル入り口に近寄ることができるが、真夏でも震えるような冷気が吹き出してくる。残念ながら入ることはできないが内部は年間通じて10度ほどで、日本酒の貯蔵所として使われている。

規模は小さいながら見学できる採掘跡もある。山麓の高級料亭**丹巌洞**は、幕末には橋本左内らも訪れたというが、古い建物とともに美しい庭園、**採掘跡を利用したお堂**がある。小さな洞窟だが、壁には石を切り出した時の縞模様が残る。床には水が溜まり、なんとも神秘的な雰囲気だ。

全国的な知名度は他の幕末維新の偉人たちに劣るかも知れないが、福井人に聞くと橋本左内が地元の偉人としては圧倒的存在なのだそうだ。松平春嶽のブレーンで、井伊直弼に睨まれてわずか25歳で切腹させられた俊才である。市内には生家跡、公園となった墓地、祀られた神社など様々な足跡がある。みな呼び捨てになどしない。「左内先生」である。

福井県では各中学校で「立志式」という昔の元服に習ったイベントが行われるが、ここで手本になるのが数え15歳で左内がしたためたという「啓発録」である。墓前に碑文として刻まれている。「稚心を去る」「交友を択(えら)ぶ」「志を立てる」など五つの指針だ。こんな立派な内容で

笏谷石で葺かれて復元された福井城山里口門

は「先生」と呼ばざる得ない。
最近は福井県以外でも熊本県や宮崎県、愛媛県、栃木県など、全県的に取り入れるところが増えているそうだ。

福井はかつての本丸内に県庁が建つ珍しい県だ。山口や前橋なども本丸跡だが、福井のような堀は残っていない。そして残る石垣は当然ながら笏谷石だ。県庁敷地だけに解説表示も丁寧で遊歩道も作られている。最近では笏谷石で葺かれた**山里口門**が復元され、大変美しい。
福井城の前身となった柴田勝家の**北ノ庄城**も発掘が進んでおり、県庁からやや離れているが、柴田公園と**柴田神社**になって展示の資料館もある。地下の遺構を見せるため、神社の社殿が縁側のようなテラスに建っているのも面白い。

柴田神社境内で発掘され保存公開されている北ノ庄城遺構

続日本100名城。前身の北ノ庄城は南北朝時代築城。1575年柴田勝家が改築、1601年結城秀康が改築し福井城に。幕末城主は松平氏。

福井県
坂井市
丸岡、丸岡城

「お仙泣かすな　馬肥やせ」戦国武将の人情に思う手紙の館

坂井市は2006年に4つの町が合併してできた。それ以前は城の名と同じ丸岡町が所在自治体だった。丸岡町と聞けば、日本一短い手紙コンクール、「一筆啓上賞」が有名だ。

賞を作るきっかけとなったのは、丸岡藩初代藩主である本多成重（ほんだなりしげ）の母に宛てられた手紙である。成重がまだ幼い頃、父であった本多重次、通称「鬼作左（おにさくざ）」が、長篠の合戦の陣中から送ったのが「一筆啓上　火の用心　お仙泣かすな　馬肥やせ」という簡潔にして要を得た文面だった。

原文は「一筆申す　火の用心　お仙痩さすな　馬肥やせ　かしく」だったという。この「お仙」が仙千代といったのちの成重である。手紙のやり取りは今の愛知県内で行われていたはずだが、お仙ゆかりの地ということで、丸岡城天守下には、手紙の文面が碑となって残るほか、街のあちこちで目にする。また重次と成重の墓が城南の本光院にある。

「鬼」と言われる猛将で、豊臣秀吉に反感をあらわにして蟄居させられた重次だが、領民らには公正で人情に厚かったという。そんな姿が手紙にも表れているように思う。

これをヒントに街おこしをしようと当時の町職員が考えたのが「一筆啓上賞」で、1993年に第1回の作品募集が行われた。以来約150万通もの「手紙」が応募され、今は城を望む好地に「**一筆啓上　日本一短い手紙の館**」も建つ。手紙のテーマは年によって違うが、入賞作品が美しい背景のスクリーンに次々と現れ、つい読みふけってしまう。館の2階は展望台で、天守が良く見えるのもよい。

かつては最古かといわれた**丸岡城天守**は近年江戸初期の築造とわかった。笏谷石の瓦が珍しい。戦後の福井地震で倒壊したが地元の熱意で、崩れた部材を組み直して再建した城でもある。

丸岡城目前にある「一筆啓上　日本一短い手紙の館」

最古級の現存天守、丸岡城天守

丸岡城

日本100名城。現存天守は江戸初期建築で国重文。1576年築城。江戸中期から有馬家が城主。

福井県
大野市
越前大野城

豊かな水と朝市が楽しめる樺太まで開拓した先進藩の足跡

大野市は福井平野の東、山あいの道をすり抜けてトンネルを出ると、突然広がる盆地の小宇宙だ。プレートが北アルプスを東からギュウギュウ押して大地にシワが寄った窪地に、九頭竜川などが運んだ土砂が堆積してできている。そして大野周辺は豪雪地帯。必然的に地下水が豊富になる。

あまりに地下水が豊富なため、水は湧き水や井戸などという大きさではなく、あちこちに池となって出現する。それを大野の人たちは昔から利用してきた。

代表的なのは環境省の昭和の「名水百選」にも選ばれている「**御清水**（おしょうず）」だ。1576年に織田信長家臣の金森長近が大野城と城下町を整備した際に造られた殿様も使う水場だった。石垣でしっかりと囲み、屋根がかかり、湧き口から順に飲料用、野菜洗い用、洗濯用と分かれている。道を挟んで無料の休憩所もあって、休むのにちょうどいい。

水を汲みやすいように整備された「御清水」

この水場には本願清水という水源があり、そちらはもっと広い。しかも淡水型イトヨという、産卵期に巣を作る珍しい魚が生息している。近年生息域が減って絶滅危惧種となり、この場所は国の天然記念物に指定されている。池に面して「**イトヨの里**」という施設が整備され、水面下のイトヨの巣作りなどが観察できる。

さらに南に行くと篠座(しのくら)神社の御霊泉があり、水がボコボコと音を立てて吹き上がっている。古来眼病に効くとされる。また織田信長に敗れた朝倉義景の墓も近くにあるが、そこにもイトヨの棲む池がある。

市街にも五番名水庵清水、七間清水、新堀清水、芹川清水など多くの湧き水があり、町の人たちが水を汲みにきている。名水を飲み歩くと自然と城下めぐりになり、爽やかな散策が味わえるのがいい。

この水の豊富な街の風物詩が**朝市**だ。春分の日から大晦日まで、午前7時ごろから11時ごろの間、中心街の七間通りで毎日開かれている。なんとその歴史は400年。1日10店舗程度と規模は小さいが、地元名産の里芋など、新鮮な農産物などが売られている。

ここの朝市は移動式の店は構えず、道路に商品を広げるのが特徴。また年1回、10月には通り全てを歩行者専用にする大規模な朝市も開かれる。

大野の町でまた驚くのは、中心街が完全な碁盤の目になっているという点だ。街は南北の通りが西から順に一番通りから五番通りまであり、東西の通りが南から六間、七間、八間と名付けられている。

なぜこのような名になったのかは定かではないが、金森長近が街を造る際に京を手本とし、京のような「条」を使うのははばかられるので、この呼び名になったのではないかという。交差点も京の四条烏丸のように三番六間、五番六間などと呼ばれている。

大野城復元天守

大野市歴史博物館

全国の天空の城ブームの中で、**大野城**も雲海に浮かぶ姿が有名だ。11月ごろの朝、条件がいいと見られるが、５００メートルほどの山道を展望台まで登る必要がある。元々はこの展望台のあった戌山に城があり、金森長近が移転した。

しかし今の大野城がある亀山もかなり急峻な山。裏手に駐車場と階段が整備されているが、何回も休まないととても登れない。登る途中、天守前の曲輪で出くわすのが幕末の名君、土井利忠の像だ。

藩主として銅山の開発を進め、その資金で洋式帆船「大野丸」を建造。藩が荷主となって大野屋という現代でいう総合商社のようなものを作り大儲けした。それを教育や軍備の充実に使い、さらに北海道や樺太の開拓も進めたというから驚く。石高４万石の小藩にもかかわらずである。船の模型や事業の歴史は市役所近くの**歴史博物館**で展示されている。一見をお勧めする。

大野城

続日本１００名城。１５８０年築城。天守は昭和の復元で、このような城があったわけではない。17世紀末から土井氏。

福井県
小浜市
小浜城

「御食国」の歴史を目から口から最古級の城下町がたっぷり残る

御食国(みけつくに)という言葉をご存知だろうか。古代、都に海産物など良質の食材を貢納することを定められた国だ。一般的に淡路(兵庫県の一部)、志摩(三重県の一部)そして若狭(福井県の一部)を指す。

若狭湾というと敦賀、舞鶴なども思い浮かぶが、実は敦賀は越前国(福井県の北部)で舞鶴は丹後国(京都府)だ。若狭国の中心は昔から小浜なのだ。

若狭国は実に小さい、古代の国では島を除くと下から5番目の狭さ。そのうえ海まで山が迫り田を開ける面積は少ない。そんな小国が御食国であるのは、目前の海の幸であり、その海を越えてくる食材に恵まれたからだ。今も観光PRなどで「御食国」をうたうことが多い。

魚はもちろんだが古代に重要だったのは塩だ。都に塩を運んだ記録のうち、実に4割近くが若狭からのものだったという。東大寺お水取りの水は小浜市の神宮寺で汲んで運ぶ。都と若狭

鯖街道MUSEUMのエントランス

との結びつきの強さを感じる。

魚の揚がる港は交通路としても重要だった。京都の港というと堺や大阪と思うが、古代から小浜は京都の重要な外港だった。室町時代にはスマトラ（インドネシア）王の貿易船が象を連れてきたという。日本海を通じた大陸との貿易は危険が多い太平洋より盛んだったのだ。

江戸時代になると日本海では北前船による貿易が盛んになり、特に大量に獲れた鯖を京都に運ぶようになって鯖街道が成立する。「京は遠ても十八里」。80キロほどの道のりを、荷を背負って山越えした。

有名な若狭街道はじめいくつかルートがあったが、近年その起点に「**小浜市鯖街道MUSEUM**」ができた。小さな施設だが、入り口前の京までの街道筋を模した庭園や内部の展示はわかりやすく楽しめる。

もちろん鯖街道は鯖だけを運んだわけではない。ニシンや昆布など北の食材を京へ運ぶ重要なルートだった。それら古代からの食をめぐる若狭の歴史を知るなら、港に面した「**御食国若狭おばま食文化館**」が最適。施設の大きさに驚くが、精巧な食材の再現やジオラマで、若狭の食のみならず、発酵食や雑煮など日本の伝統食の歴史もよくわかる。

そして嬉しいのが、学んだ食材が向かいの別館レストランで実際に食べられること。脂の乗った焼き鯖や発酵食のへしこなどが味わえる。そしてなんと博物館には温浴施設も併設し、見学・食事後ゆっくりできる。こんな3点セットの施設はあまりお目にかからない。

小浜城本丸石垣

海の恵みで栄えた城下町が古くからの姿で残るのが小浜のさらなる魅力だ。市街西側の「**小浜西組**」地区は国の重要伝統的建造物群保存地区に指定されているが、なんと300棟近い建物が対象だ。また日本の城下町はその多くが江戸時代初期の建設だが、この地区は若狭武田氏が1522年に背後に後瀬山城を築いた際に造られており、それ以前の古代からの港の時代も含めればとてつもない歴史を有する。

足を踏み入れると、舗装道路がなければ江戸時代かと思ってしまう。軒の低い江戸時代特有の町家が連なっている。簡素ながら防火のための「うだつ」のある家も多い。さらに明治に入ってからの古い洋風建築もあちこちに残るところが、港町としてのかつての繁栄を偲ばせる。昔の姿そのままの「町並み保存資料館」では、実際に古い町屋の造りを見ながら街並みの歴史などを知ることができる。

さらに面白いのが地区名。「鹿島」「男山」「住吉」などなんだか聞いたことがある名前が並ぶ。明治初年に地区名を決める際、全国の有名神社名にあやかったのだという。「浅間」「貴船」「香取」。おそらく現代でもある命名の際の揉め事を避けた知恵だろう。

また丹後街道沿いの町家の南には寺院がずらっと並び、その中には近年発掘された守護館跡もある。今後の整備が楽しみだ。

戦国時代から続く小浜城下の面影を残す「小浜西組」地区

小浜城

1601年京極氏築城。1634年酒井家が移り幕末まで続く。現在は小浜神社だが天守石垣・本丸石垣が残る。西組背後は武田氏築城の古い後瀬山(のちせやま)城。

山梨県
甲府市

甲府城・躑躅ヶ崎館・要害山城

「甲府ん！」楽会に興奮 同じ市に3つの城

甲府の街には何やら学会がある。その名も「甲府ん！　路地横丁楽会」。あ、「楽会」だった。要は路地裏の様々なお店を飲み歩き、食べ歩こうという趣旨だ。市役所職員や地元企業社員など30名ほどが、街を盛り上げようと活動している。

会では毎年10月頃に「甲府ん！横丁はしご酒ウィーク」を開催する。仕組みは発足当初から少しづつ変わっているが、２０２３年は、１枚６００円（前売り）の「はしご券」を買うと、中心街40か所ほどの飲食店で「はしごメニュー」が味わえる。店にもよるが「角ハイ１杯＋甲州名物つまみ１品」などという見るからにお得なものが多い。

ただし在店時間は30分まで。多くの店をはしごして楽しんでもらおうという仕掛けなのだ。基本的に１杯は飲めるので、券４枚・２４００円でお酒４杯とつまみを味わって２時間過ごせる。お得以外の何物でもない。開催時期をチェックして訪れたい。

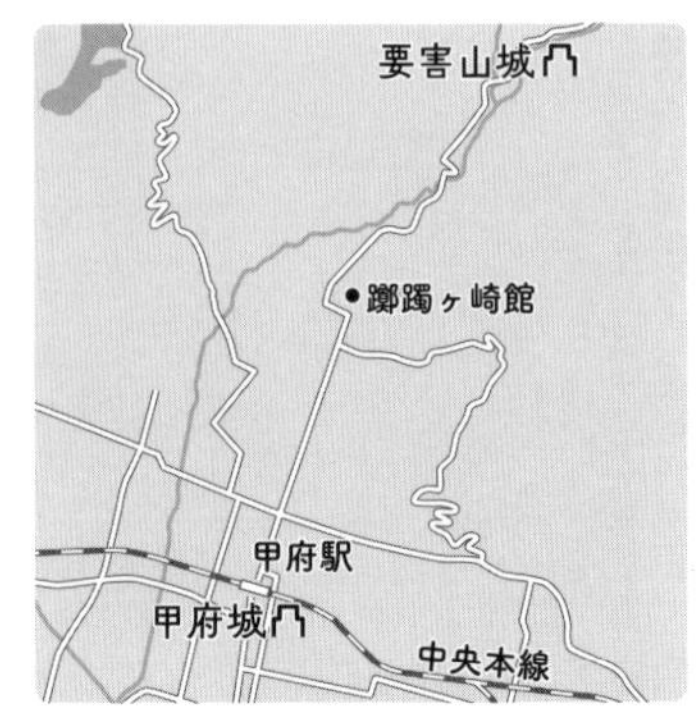

甲府市街の居酒屋

甲府は県庁所在地としては小さいながら、探索したくなる洞窟のような路地裏が網の目のように広がっている。昭和の香り漂う居酒屋、焼き鳥屋、小料理屋など味のある店が固まる。一方で渋いバーやジビエの店、心地よいスナックなどもあり、バラエティに富んで面白い。はしご券の店なら初めてでも安心だ。

甲府は市内に日本100名城の**甲府城**と**躑躅ヶ崎館**（つつじがさきやかた）があり、さらに続100名城の**要害山城**（ようがいさんじょう）と3つの名城がある珍しい街だ。3つの城は、江戸期の総石垣の平山城、戦国の城、詰めの山城と、性格・時代が異なって比べてみるのも面白い。甲府城は甲府駅両側にまたがり、躑躅ヶ崎館は武田神社となりバスなどの便も良い。武田氏館跡歴史館（信玄ミュージアム）などを訪ねながらめぐり歩くことができる。

甲府城天守台（右奥）と復元された山手渡櫓門

甲府城

日本100名城。1583年築城か。現在の城は徳川家康以降の築城で国史跡。躑躅ヶ崎館は武田氏の本拠で国史跡。江戸期は主に幕領で城代を置いた。

長野県
長野市
松代、松代城

幕末の異才、佐久間象山の街 藩主邸や武家屋敷も健在

幕末に活躍した異色の学者佐久間象山。一般的には「しょうざん」と呼ぶが、松代では「ぞうざん」と呼ぶ。

それは雅号である「象山」が、松代の風景をかたどる重要な要素、象山（ぞうざん）から来ているからだ。本人は、雅号は「山から取った」としながら、「読みは『しょうざん』で」と書いている。

英明だった藩主真田幸貫（さなだゆきつら）に見出され、海防顧問となるとともに洋学について深く学ぶよう指示される。ここで才能を開花させ、砲学の専門家として名をなし、勝海舟、吉田松陰、坂本龍馬、河井継之助ら錚々たる人物が門下生となった。勝など、「海舟」の号は象山からもらったものである。

しかし吉田松陰の米国密航未遂事件で松陰をそそのかしたとして松代で蟄居となり、その期間9年にも及ぶ。この間にも高杉晋作、久坂玄瑞、中岡慎太郎らが訪れたという。１８６４年、

ようやく許されて京都に出向いた際、「西洋かぶれ」と見られて尊皇攘夷派に暗殺された。

城跡から南に向かうと、武家地だった一角に**象山神社**がある。今や神様なのだ。その隣が生誕地。建物はないが、京都で過ごしたという茶室、煙雨亭が移築されている。鳥居前に騎馬像が立ち、振り返ると象山の森が間近に迫っている。

象山神社にある佐久間象山騎馬像

さらに少し離れたところに**象山記念館**があるが、展示品を見て驚く。電気治療機、電信器、地震予知器、などという文字が並ぶ。実用性はともかく、その発想がすごい。さらに象山は医学も学んで牛痘を試み、琴や書も能くした。まさに万能人である。

電信の実験は城下に残る鐘楼の下で行われたといい、「日本電信発祥之地」という碑が、ＮＴＴの前身である電電公社によって立てられている。

鐘楼跡から少し歩くと、後世に京都から分骨された象山の墓がある蓮乗寺にたどり着く。門前の道をさらに南に下ると蟄居地跡があり、道沿いに解説版がある。

象山の功績は、維新直前に暗殺されたこともあり維新後はさほど高くなかったが、開国論者で、日本の近代的合理思想の先駆者としての評価は、近年ますます高いように思う。そんな人格が、こののどかな山裾の街で育まれたというのは実に興味深い。

そして松代は童謡の里でもある。旧松代駅前には「汽車ポッポ」の碑があるが、作曲の草川信は松代の出身だ。「お猿のかごや」はやはり松代出身の山上武夫作詞、海沼実作曲で、近くに碑がある。また**真田宝物館**隣の真田公園には、坂口淳作詞の「子鹿のバンビ」など４つもの童謡の碑が立つ。松代ではないが、中山晋平や高野辰之も北信濃、松代近くの出身だ。なぜだろう?

長野県は明治時代は教育県といわれ識字率などが高かった。文化水準も高かったのだろうか。街を歩くと、関西大学創立者の一人井上操や明治薬科大学創立者恩田重信の生家など、のちに中央で活躍する学者、経済人ゆかりの地も多い。

城下町は実に見所が多く、１日で回るのは大変だ。

復元された松代城太鼓門

真田宝物館の一部として公開されている旧真田邸

松代城は川中島合戦で武田方の拠点となった海津城をほぼ踏襲した城。本丸、二の丸には、太鼓門、北不明門や堀、土塁が復元され、往時を偲ばせる。

さらに城に隣接して藩主別邸や藩校の文武学校が残っているところが貴重だ。明治以降政治の中心が長野市街地に移り空襲もほぼ受けなかったため、かつての武家屋敷も多数残っている。山寺常山邸、旧横田家住宅、旧樋口家住宅などは必見だ。町家も多く残っており、旧金箱家住宅では、庭を見ながらお茶や食事もできる。

寺も多いが藩主家の菩提寺である長国寺には、初代真田信之らの御霊屋や墓所がある。内部の天井画が素晴らしいので、これが見られる特別参拝をお勧めする。

松代城

日本100名城。国史跡。1560年築城。築城時は海津城だったが、江戸時代に松代に改名。復元工事がさらに進められ二の丸石場門なども復元予定。

長野県
上田市
上田城

真田キャラ溢れる通り 紬で栄えた街の巨大木造建築

上田といえば真田。街は真田家、さらには真田十勇士らのキャラに満ちている。真田十勇士ウォーキングマップが整備され、道端に大きな案内板が立っている。いくつかのコースがあり、道標もあるのでそれに沿って歩けば、城下町めぐりができる。またルート沿いに十勇士の可愛らしい人形が置いてあり、この造形を楽しむのもありだろう。十勇士や真田一族の肖像付き解説版は、上田城へ向かう大通り沿いにも別のものがあるので、比較も楽しい。

また駅から続く通りの途中には「**池波正太郎真田太平記館**」がある。真田一族の活躍を描いた「真田太平記」はもちろん、池波氏の「鬼平犯科帳」「剣客商売」など代表作に関する展示や、信繁（幸村）が活躍した大坂の陣の展示なども楽しめる。

そこから少し北西に行けば、かつての北国街道の姿を色濃く残す柳町で、短い通りながらそば、パン、酒屋など多くの魅力的な店がひしめいて楽しめる。

重要文化財の繭倉庫・常田館

明治以降は上田は絹の街として栄える。生糸ではなく、繭を紡いで作る紬（つむぎ）の街として知られた。駅から東に向かった北国街道下に、かつての繁栄を忍ばせる巨大な絹の館、重要文化財の**常田館製糸場**がある。明治時代に建てられた木造土蔵の5階建て繭倉庫は圧倒的な存在感だ。いかに絹産業が栄えたかを知ることができる。

そのやや東には信州大学繊維学部がある。蚕や絹の研究を盛んに行っていたが、今や全国で繊維学部を名乗るのはここだけ。戦前建築の大講堂、旧同窓会会館（旧千曲会館）などがある。少し北には上田蚕種協業組合の戦前の建物群があり、付近には今も上田紬の織り体験や製品購入のできる店もある。先の十勇士マップには蚕都コースもあるので、それに沿っていくといい。

上田城

日本100名城。国史跡。現在の城は真田氏転封後の仙石氏の構築。現存櫓一つのほか、再移築櫓一つ、復元門などがある。

左から上田城本丸南櫓、東虎口櫓門、北櫓

長野県
小諸市
小諸城

藤村文学生んだ小諸 偉大な教育者、木村熊二を知る

「文豪」と呼べる数少ない小説家、島崎藤村を生んだのは小諸である。

藤村は1899年、東京を離れ小諸義塾の国語と英語の教師となる。すでに「若菜集」を出して浪漫派詩人として名を馳せていた藤村が、何か「自分を新しくしたい」との念に駆られてのことだった。

赴任してまもなく東京時代の縁で結婚し、新居を街の中心部、北国街道から少し入った場所に構える。旧居跡の碑と、使っていた井戸が近くに残る。「千曲川のスケッチ」では、井戸には蛍が飛んできた、とある。

藤村は1905年まで6年間教師を務め、この間、詩と決別し浪漫派とは反対の自然主義小説で生きることを決める。その記念碑的作品「破戒」の構想・取材・執筆も進めていた。東京へ戻ってからの「破戒」出版にあたっては、出版までの生活費を小諸の友人に借用しており、

献辞が捧げられている。厳しい冬もあるが、雄大な自然、文字通り地に足のついた生活の中で、藤村の転回は育まれたのだろう。

藤村が勤めた**小諸義塾**は今でいう中学・高校レベルの学校。現在の小諸駅南口に記念碑が立つ。向かいには当時の**校舎が移築復元**され、内部は**資料館**になっている。校舎前には藤村作詞の「惜別の歌」の碑があり、曲も流れる（作曲：藤江英輔）。

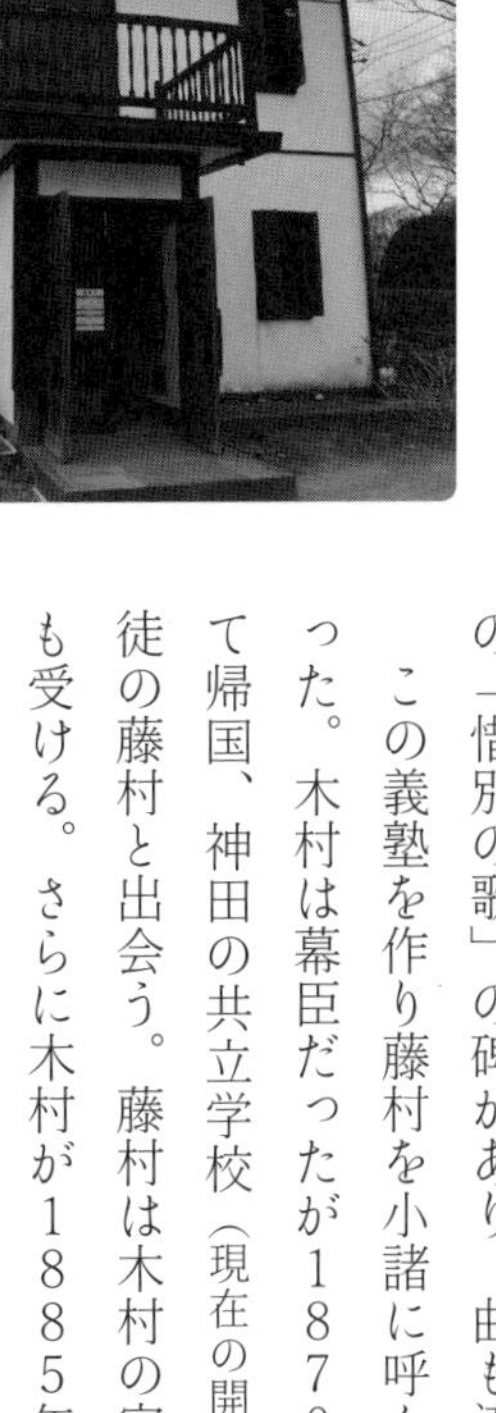
小諸駅近くに建つ小諸義塾記念館

この義塾を作り藤村を小諸に呼んだのが、恩師でもある木村熊二だった。木村は幕臣だったが１８７０年に渡米。12年ののち牧師となって帰国、神田の共立学校（現在の開成学園）の教師となるが、ここで生徒の藤村と出会う。藤村は木村の家に寄宿し、まもなく木村から洗礼も受ける。さらに木村が１８８５年に創立した明治女学校の教師を務め、木村は藤村にとって、まさに青年期の師であった。

木村はその後長野県で伝道活動を始め、そこで小諸の青年たちに学校の設立を懇願される。１８９３年のことだ。その年のうちに授業は始まり、初期には小諸城大手門の櫓を教室にしていた。門は今も駅近くの大手門公園に残る。

義塾とはこのころ、寄付金等で運営され誰でも入れる学校という意味だった。小諸は、富岡製糸所操業のわずか2年後の1874年には機械製糸場を造るなど、絹産業で繁栄していた。地元の有力者たちがそうした財力を背景に運営を支えた。

そして木村の縁で、藤村はじめユニークな教師陣が集まった。渡欧経験のある画家、東大卒で東京物理学校（現東京理科大）創設メンバー、元憲兵大尉など、地方の小都市には驚くような顔ぶれだ。

学校以外でも木村は小諸に貢献している。駅から城脇を千曲川へ降りる急坂の途中に中棚鉱泉（現・中棚荘）という湯宿がある。これは木村が見つけて掘ったもの。そこには、終生木村の別荘となった**水明楼**が今も残り見学できる。眼下の千曲川の流れが絵のようで、藤村も「千曲川のスケッチ」に記している。また桃の栽培を勧めるなど、現在の果樹栽培につながる助言もした。

しかし時代の流れは義塾の存続に向かわなかった。教育の国家統制が強まる中、自由主義的

木村熊二の別荘だった水明楼

小諸城三之門

な運営に風当たりが強くなる。女子部を作ったことが批判されたり、町からの資金援助に異議が出た。公教育側からの攻撃もあった。そして1906年、義塾は廃校となって木村は小諸を去り、1927年、83歳で亡くなる。

その後、小諸城の二の門石垣に木村の記念レリーフが作られ、島崎藤村の筆で「われらの父」と刻まれた。城郭内のしかも石垣に、個人の肖像が置かれるのは稀有なことだ。木村の功績は長く地に潜っていたが、1994年に先に紹介した記念館ができた。また近年では、木村が留学していたアメリカ・ミシガン州のホープ・カレッジに、毎年市内の中学生が派遣されるなど木村の縁で交流が進んでいる。

小諸城
日本100名城。大手門と三之門が国重文。1487年築城。現在の城は仙石氏築城だが、江戸中期以降は牧野氏が城主。

長野県
松本市
松本城

自然が造った宝「湧水」市街のあちこちで飲み放題

城が人間が造った宝なら、湧水は自然が造った松本市の宝だ。松本市は、美ヶ原高原に源流を持つ女鳥羽川と薄川が造る扇状地の上にある。このため古来地下水が豊富な街だ。

松本駅駅前広場には「深志の湧水」がある。深志は松本市の古名だ。「温かくきれいな松本の自然の水です」と書かれ柄杓もおいてある。飲んでみると確かにまろやかな気がする。駅前に自然の泉があり、飲める街がどれだけあるだろうか。さらに市内には市が管理するだけで20か所、案内パンフには24か所もの湧水が紹介されている。

これらは「まつもと城下町湧水群」として、環境省が選ぶ「平成の名水百選」にも選ばれている。「城下町」とある通り湧水は全て市街地の中。

国宝松本城に向かって進んでいくと、大手門付近の観光駐車場脇に「**大名町大手門井戸**」。もちろん飲める。城のすぐ前にも「大名小路井戸」がある。ペットボトルを持った人が次々と

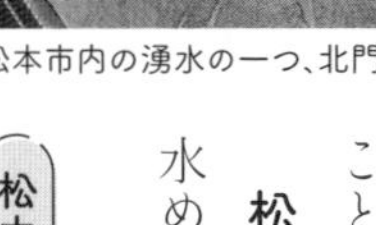

松本市内の湧水の一つ、北門大井戸

水を汲んでいく。

お城を通り抜けると「葵の井戸」「北馬場柳の井戸」に続き、「**北門大井戸**」がある。ここは松本城の総堀（最外郭の堀）跡。大きな柳が立つ児童遊園の中にある。水筒を持った親子連れの前で、２本の竹筒から勢いよく水が溢れていた。暑くなったらこの水を飲み、泥んこになったらこの水で洗うのだろう。贅沢だ。

湧水は江戸時代から利用され、「**源智の井戸**」は当時の観光案内（『善光寺道名所図会』）に「当国第一の名水」とある。水道も発達し、城内では珍しい自噴井戸の水道水源も発掘され、その様子は城内の市立博物館の展示で見ることができる。

松本城では現在、南・西外堀復元事業が進んでいる。完成すれば、水めぐりの楽しさも増すに違いない。

松本城　日本１００名城。大天守は戦国末期の建造で国宝。１５０４年築城。天守は石川数正によるものといわれる。幕末の城主は戸田氏。

松本城天守と北アルプス

長野県
伊那市

高遠、高遠城

そば発祥の地で新そばを発見された江島の墓

高遠というとサクラが有名だが、実は高遠を含む伊那は、和食を代表する食べ物、**蕎麦**の発祥地だ。

高遠城跡、春の桜祭りは大変な人出だが、毎年秋には同じ城址公園で「新そばまつり」が開かれる。発祥地の新そば。蕎麦好きには見逃せない。

現在、文献での日本そば（蕎麦切り）の最も古い記録は、高遠のある伊那谷から山一つ隔てた木曽谷の大桑村のもので、1574年と特定できる。他の伝承などからも、麺状の蕎麦は南信州で16世紀ごろ生まれたらしい。

平安貴族には「食べられたものではない」と酷評された蕎麦だが、麺になると武士の間でもてはやされ、江戸時代初期に高遠藩主となった保科正之は特にこれを好んだ。のち正之が山形藩主や会津藩主になると高遠のそばを持ち込み、このため今でも会津の大内宿には「高遠そば」が名物として残る。大名の転封や参勤交代が、江戸時代に全国に蕎麦を広める契機になったよ

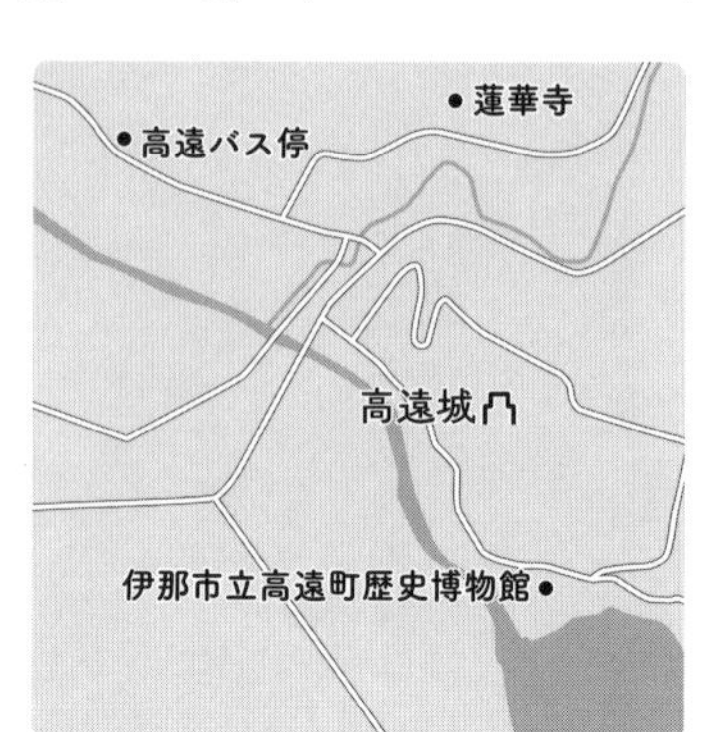

第3章・中部

うだ。

本来の高遠そばは焼き味噌とおろした辛味大根、刻みネギを合わせたものに蕎麦切りを浸して食べる。醤油が普及する以前の食べ方を残すもので、高遠の山間部では今もそのように食べる。

辛み汁に焼き味噌を溶いて食べる昔ながらの高遠そば

「新そばまつり」では多くの出店が出て、公園一角の高遠閣などでも新そばが振舞われる。目の前で打ったそばのゆでたてが出てくるのだからうまくないわけがない。周辺には10軒ほどの蕎麦屋があり、そこで高遠そばを食すこともできる。
実は蕎麦祭りは「高遠城址もみじ祭り」のイベントの一つ。サクラに劣らず高遠城址は紅葉も見事なのだ。紅葉を楽しみながらすする新そば。代え難い幸福である。
高遠は江島生島事件で江島が流刑となった地としても名高い。よく絵島とも書くが、これは華やかに見せるための後年の創作。また、江戸時代はこの事件は決して舞台化されることはなかった。さすがに大奥の不祥事、しかも歌舞伎役者が関わり山村座という一座が廃座にされた事件。歌舞伎などで扱うわけにはいかなかった。

明治以後はオープンになったが、有名になったのは、女性劇作家長谷川時雨の脚本で1913年に上演されてかららしい。これに刺激を受けたのか、小説家の田山花袋が1916年に高遠を訪れた際、菩提寺と見られた**蓮華寺**を訪れて墓参しようとするが、墓はどこかわからないという。そこで田山自身が探索して墓を探し当てた。

これ以後高遠は江島ゆかりの地として注目を浴びるようになり、墓には歌舞伎関係者寄進の立派な玉垣もできた。今は江島の像も立っている。城址から蓮華寺はやや遠いが歩いていける距離だ。

また城に隣り合う**高遠町歴史博物館**には復元された**絵島囲み屋敷**がある。はめ殺しの格子など、厳しい扱いがうかがえる。高遠藩の「爪は切らせて良いか？　風呂は入らせて良いか？」など微に入った幕府への問い合わせが紹介してあり、事件に神経を使った様子がわかる。江島はここで27年間過ごしたのちに亡くなった。

現代では**高遠城**は非常に辺鄙な地に感じるが、江戸時代以前は、信州南の主要街道が通る伊

高遠城本丸と二の丸間に架かる桜雲橋と満開のサクラ

復元された絵島（江島）囲み屋敷

那谷の北の出入り口を横から睨む要衝だった。戦国時代末期には武田氏の拠点であり、武田勝頼の居城だった。勝頼が嫡子となると信玄弟の信廉が城主となる。城下には勝頼母の諏訪御料人（小説では湖衣姫などと書かれる）の墓や、晩年信廉の庇護を受けた信玄の父信虎の墓もある。

深い谷の合流点に築かれた城は南北と西が険しい崖で、東は急峻な山に続く要害の地だった。土の城で石垣などはないが、藩校進徳館が残る。城の北から、諏訪地方と結ぶ杖突街道が通じ、城下は城の西の山裾にへばりつくように並ぶ。市営の温泉や今では珍しい昆虫食を出す宿、中央アルプスの眺めのいいバラの公園「しんわの丘」など、見所は多い。

高遠城

日本100名城。国史跡。築城年不明。16世紀半ばに武田氏が改修。江戸中期以降の城主は内藤氏。土塁や堀が残る。

岐阜県
岐阜市
岐阜城

国家公務員だった鵜匠　皇室の保護で存続果たす

長良川の鵜飼を司る鵜匠、実は宮内庁式部職という国家公務員である。ご存知でしたか？

鵜飼は日本と中国にあり、どちらがルーツかはっきりしない。1500年前の日本の埴輪には鵜飼をかたどったものがある。古代から行われていた鵜飼の中でも長良川の鵜飼は特に有名で、織田信長や徳川家康が見物し保護した。

鵜の首を縄でくくり、獲った鮎を飲み込ませずに吐き出させる鵜飼は効率が悪い。すでに江戸時代には芸能化していた。芭蕉の「おもしろうて　やがてかなしき　鵜舟かな」との句も、宣伝に一役買ったという。

岐阜の鵜飼は尾張徳川家が保護し、鮎は将軍家に献上されていた。しかし幕末に保護がなくなり存亡の危機を迎える。その後明治天皇行幸の際、度々鵜飼で獲れた鮎を献上するなどした結果、1890年に鵜匠は宮内省職員となり、長良川の一部は皇室献上用の漁場となった。岐

第3章・中部

阜市の鵜匠は6家あるが全て世襲で、みな杉山さんか山下さんだ。今も鵜飼観光漁場の上流には皇室用漁場があり、御料鵜飼として年8回、献上用の鵜飼が行われる。またうち2回は各国の駐日大使らを招いて日本の伝統紹介を兼ねている。

鮎を取る鵜飼は5月から10月まで。篝火を焚くので夜スタートだ。昔は6家の船が鮎を追い込む「総がらみ」を見せるだけだったが、近年はサービスが向上し、観光船のすぐそばまで鵜匠の船が近づいて、鵜が潜る様、鮎を吐き出させる様が真近で見られる。

篝火の熱を肌で感じながら、鵜や鵜匠の動きをじっくり鑑賞できるのはなんとも興奮する。川岸からも鵜飼全体は見られるがこの迫力は観光船ならでは。2012年には鵜飼会場目前の岸に**長良川うかいミュージアム**（**岐阜市長良川鵜飼伝承館**）ができ、鵜飼の歴史や水面下での鵜と鮎の攻防などを知ることができ面白い。

篝火を焚いて行う鵜飼

岐阜城から濃尾平野の大展望

岐阜城

日本100名城。国史跡。1201年築城。織田信長時代の山麓居館の発掘が進行中。頂上の展望は圧巻。江戸期には廃城となっていた。

岐阜県
高山市
高山陣屋・高山城

日本の山車祭りの最高峰 賑わう古い街並み堪能

日本三大曳山祭のうち城下町は高山だけだ（残りは京都祇園祭、秩父夜祭。異論あり）。祭り自体が国指定の重要無形民俗文化財で、屋台（高山では山車をこう呼ぶ）も重要有形民俗文化財。二重指定されている祭りは全国で5つしかない。近年は世界無形文化遺産にも選ばれた。

さらに春夏2回も開催され、屋台が20台以上も揃い、精緻なからくり人形まで登場するという、まさに日本の祭りオブ祭りの地位にある。

春秋2回あるのは神様が違うからだ。春は4月14日と15日、街南方の**日枝山王権現**の「山王祭」として、秋は10月9日と10日、北端の**櫻山八幡宮**の「八幡祭」として行われる。氏子域は城下町中央の安川通りで南北に分かれ、屋台が見られる場所も春秋で全く違う。

祭りの内容も少し異なる。春はからくり奉納屋台が3台もある。しかし昼に屋台が動き回ることはない。曳き揃えと言って12台の屋台がずらっと並ぶだけだ。夜祭りでは、全ての屋台が

100丁もの提灯を下げて街を一巡する。

秋のからくり奉納は布袋台の1台だけだが、これは36本もの糸を使って8人がかりで操る日本でも最高難度のからくりで、人形の空中ブランコが見事だ。

高山祭、屋台上のからくり人形

また宵祭と称する夜祭りに11台の屋台が巡行するほか、昼間も何台かが「曳き回し」を行う。
からくりの妙技は、どうやって動くのかの不思議さや、うまく動くかのハラハラ感など見ほれてしまう。夜の提灯の幻想的な美しさは筆舌に尽くしがたい。屋台は江戸時代建造がほとんどで、豪華な装飾や着飾った織物は動く御殿のよう。
しかし春秋2回とはいえ、開催日はわずか年4日で、平日となることも多い。祭りに行けない方には桜山八幡の高山祭屋台会館をお勧めする。1年を通じ4台の屋台が交代で展示されている。動きはしないが、その壮麗さは好きな時間に見ることができる。

祭りは見られずとも、高山の街は訪れる価値がある。屋台が巡行する街並みの素晴らしさも全国屈指である。

かつての城下町は城の北、宮川の東側に沿って連なり、そのほとんどが重要伝統的建造物群保存地区に指定されている。この地区は全国で100か所以上あり、本書でもいくつか紹介しているが、高山はその中でも格別の賑わいだ。喫茶、郷土料理店、最近人気の飛騨牛握りの店、土産物店などなど。二階の軒の低い、江戸時代の商家建築特有の姿のまま、多くが客足が絶えない店舗として営業している。

高山祭は街の地区ごとに受け持ち屋台が決まっており、地域名も「下三之町仙人台組」のように呼ぶ。古くからの街が今も活発に生き、祭りとも繋がっているのだ。街を行き来するだけで楽しい。

重要文化財の吉島家住宅、日下部民藝館は必見。吹き抜けの木組みの美しさは、ともに惚れ

高山祭の屋台曳き回し

惚れして時を忘れる。また日本の大工の技を見るなら、櫻山八幡にある桜山日光館がお勧め。大正時代に精巧に作られた日光東照宮の十分の一模型が展示されている。巨人になったつもりであらゆる方向から眺める東照宮の見事さにため息が出る。

高山陣屋表玄関

高山陣屋・高山城

城は15世紀中頃築城。1695年に城は破却される。陣屋は国史跡。江戸期の建物が現存する幕領陣屋。

高山は城下町とはいっても、17世紀末に殿様だった金森氏が移封となり、幕府直轄領となったため城は破却された。以後は全国で4人しかいなかった郡代が江戸から派遣されて統治したが、その役所である郡代屋敷が、**高山陣屋**として全国で唯一残っている。10万石を治めた場所で、江戸無血開城の功労者山岡鉄舟も、少年時代に郡代の息子としてここで過ごした。屋敷前に像が立つ。

陣屋には役所の公的部分とともに、役宅部分が復元されており、江戸時代の武家屋敷の公私両方の建築が一体となって見られる点も貴重だ。さらに年貢米などを収めた蔵も残り、内部は詳細な幕府領飛驒の歴史展示となっている。

岐阜県
郡上市
郡上八幡城

しっとりと水に親しめる小道 えんえん楽しめる郡上おどり

郡上市はほぼ全域が長良川の源流域となっている水の豊かな街だ。シーズンには鮎釣り人の傘姿が川のあちこちにポツンポツンと見られ、郡上鮎は名産だ。

長良川から分かれた吉田川沿いの狭い谷あいが城下町の八幡地区。ここは名水の地として知られ、中心部には「やなか水のこみち」という路地がある。自然石の石畳が連なり、水路や池、神社があって、周りには美術館などが集まる。しかしここは観光向けのややお澄まし顔。

ここから宮ヶ瀬橋という橋に向かい、手前を川に降りる道が吉田川遊歩道だ。ゴツゴツした岩場に木道や石畳の道が造られているが、澄んだ水を眺めながら歩き回るのは楽しい。夏場は地元の人や旅行客が川で泳いでいる。

しばらく進むと水面からの高さ12メートルという新橋がある。なんとこの上から飛び込む子供達、「川ガキ」が風物詩でもある。残念ながら私は遭遇できなかったが、その飛び込む音や

歓声、水遊びの音が、環境省の選ぶ「日本の音風景100選」に選ばれているというから驚きだ。近くの郡上八幡博覧館でその映像を見ることができる。

　川岸を登って、かつての町役場だった郡上八幡観光協会の建物を通り過ぎると、今度は生活用水脇の歩道「**いがわこみち**」に入る。アジサイなどが茂りひっそりした道に、水の流れる音だけがする。流れの中の石の上に、真っ赤な羽根で水色の細い胴の、見たこともない美しいトンボがとまっていた。

名水・宗祇水

　新橋を渡るとすぐに民俗学者折口信夫の釈迢空名の歌碑がある。歌碑の面に常に湧水が流され、水がしたたり落ちてる。こんな碑は見たことがない。水の街らしい演出だ。

さらに小駄良川の方へ進むと有名な**宗祇水**が吉田川との合流点近くにある。室町時代、古今和歌集解釈の秘伝をこの地の領主だった東常縁が著名な連歌師宗祇に授け、ここまで見送りに来て歌を詠んだという。環境省の昭和の「名水百選」に選ばれている。

私が訪れたのは猛暑の日だったが、湧き口の水はゾクッとするほど冷たかった。水源から飲料用、食べ物洗い用、もの洗い用と水場が区切られており、これは大小はあるが八幡の湧き水ではどこも同じ。木の桶で作られたものは水船と呼ばれており、夏場は野菜などが冷やされていることも多い。ピカピカ光るトマトの赤やキュウリの緑に風情を感じた。

最近は「郡上おどり」でも知られる。この祭りのユニークなのは、3日や4日で終わるのではなく、7月中旬から9月まで、30日以上も行われる点。特に8月13日から16日までは徹夜踊りとして朝まで踊りつづけられる。曲目は10曲もあり、先に紹介した博覧館で実演指導してもらえる。

郡上おどりとライトアップされた郡上八幡城

踊りは日によって場所が変わり、水神際、観音祭などそれぞれに由緒もある。江戸時代あたりは全国どこでもこのように長期間盆踊りをやっていたようで、その熱狂の姿を残した数少ない祭りだ。基本、夜始まるが、だいたい見物人より踊っている人が多く、お囃子に合わせ整然と踊っている姿は壮観ともいえる。

郡上八幡城は城下町すぐ上の山にあり天守が実に美しいが、残念ながらこれは昭和戦前建設の模擬天守。しかし石垣は見事で、天守からの城下町の眺めが素晴らしい。

農民一揆が殿様を断絶させた有名な郡上一揆の後、この地にやってきたのが徳川家譜代の青山氏。この青山家の江戸屋敷があったのが今の東京・青山の地で、殿様の名前から地名が青山になった。この縁で、毎年6月に、東京に残る青山氏菩提寺の青山・梅窓院でも郡上おどりが披露されている。参勤交代もあり、江戸と地方は以外と繫がっているのである。

珍しい木造模擬天守の郡上八幡城

郡上八幡城

続日本100名城。1559年築城。江戸中期の郡上一揆で金森氏が改易され、青山氏支配となり幕末まで続く。

岐阜県
恵那市
岩村、岩村城

西郷も愛した佐藤一斎、格言の街
心地よい古い街並みの城下町

佐藤一斎をご存知だろうか。「少くして学べば、則ち壮にして為すことあり　壮にして学べば、則ち老いて衰えず　老いて学べば、則ち死して朽ちず」と言った江戸時代の学者。小泉元総理の国会答弁に引用され有名になった。

岩村藩儒学者の家に生まれたが、同藩は学問に熱心で、小藩ながら幕府要職をしばしば務め、藩主家の松平乗衡（のりひら）が幕府学問所の責任者、林家を継いで大学頭となり、林述斎と称した。一斎はそれに従って昌平坂学問所に入り、述斎死後の１８４１年に総長となる。幕府公式の朱子学のみならず陽明学や易学にも通じ、門弟三千人といわれる大学者となった。その顔ぶれには山田方谷、佐久間象山、渡辺崋山、横井小楠、安積艮斎、大橋訥菴と幕末期に活躍し、さらに幕末の志士を弟子に持った錚々たるメンバーが並ぶ。

一斎は１１３３条に及ぶ語録、「言志四録」で知られるが、西郷隆盛が一斎に心酔し、この

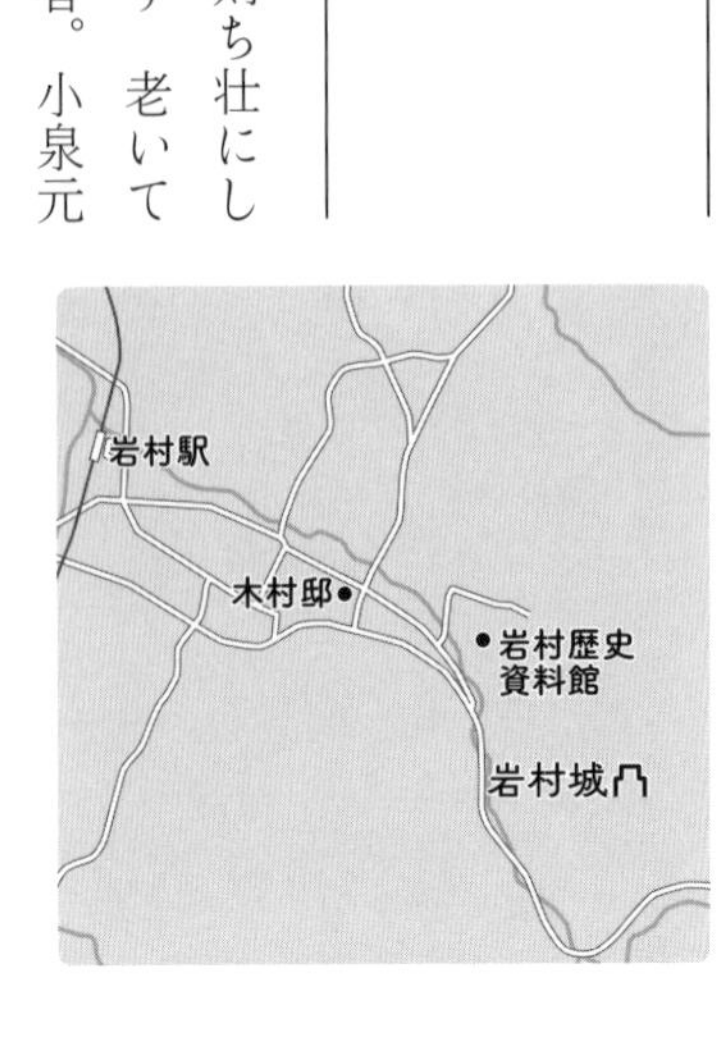

うち101項を抜粋し手元に置いて、幽閉中も西南戦争中も持ち歩いたという。「聖人、死を安んず　賢人、死を分とす　常人、死を畏る」なんてのを選んでいるのが西郷らしい。

岩村城下町はこれら一斎の言葉に満ちている。冒頭の言葉は像とともに旧藩主屋敷跡、**歴史資料館**のある一角で碑になっている。一斎とも親交があったという旧家、**木村邸**の前には「石重きがゆえに動かず……」との碑があり、中には一斎の業績などが展示されている。

歴史資料館にある佐藤一斎の像

城下町にはこうした碑が15もあり、「碑文めぐり」マップまで用意されている。碑を探して歩くと城下めぐりになり、しかもありがたい教訓を得られるという仕組みだ。碑の他にも、多くの家に一斎の言葉が書かれた木札が掲げられている。なんとも勉強になる街だ。

岩村城

日本100名城。1221年築城。日本3大山城とも。戦国期は織田・武田の攻防の場となった。六段壁など石垣が見もの。

岩村城の六段壁

岐阜県
大垣市
大垣城

芭蕉も目指した輪中の街 市街ど真ん中に港跡

輪中というとどんなイメージだろうか。私は海に近い河口付近の中洲を堤防で囲んで守った地域、と思っていた。ところがこの大垣も立派な輪中の街なのである。

関ヶ原の戦いで西軍根拠地になった街だが、岐阜城と関ヶ原の中間付近でかなり内陸だ。しかし長い目で見ると、大垣市周辺は濃尾平野西部の地盤が沈み続ける地域の中心で、木曽三川の水は大雨となるとどんどん大垣市あたりに流れ込む。このため古来から堤防が発達し、江戸時代には現在のような輪中ができあがった。

輪中地帯はしばしば洪水に襲われる地域ではあるが、一方でその水の恩恵を受ける地域でもある。まず水運に適している。大垣市街はその中心を南北に水門川という川が流れるが、これは排水路であると同時に江戸時代は重要な幹線交通路だった。市役所のやや南の川沿いには「**船町港跡**」という場所がある。江戸時代初期に整備された内陸港で、大きな灯台まである。国の

史跡でもあり、向かいには「**奥の細道むすびの地記念館**」がある。

松尾芭蕉の紀行「奥の細道」は大垣が目的地だった。その旅を終えると、芭蕉は船で伊勢に向かったという。そして記念館には「むすびの泉」という自噴泉があり、とうとうと水が溢れ出ている。

これが二つ目の水の恩恵だ。地下の地質構造から、平常時の大垣には周囲から地下水が集まり、清らかな水があちこちで溢れ出すのだ。市役所北の大垣八幡神社にも大きな名水があり、近隣の人たちがひっきりなしに水を汲みにくる。市役所にも湧水はあり、水門川沿いは親水歩道となって豊富な水を利用した滝まである。

輪中の暮らしを知るなら、市街からはやや離れるが市の**輪中館**、輪中生活館という施設が絶好だ。輪中の歴史展示や洪水に備えた住宅があり、興味深い。

復元大垣城天守と戸田氏鉄の像

船町港跡には今も船が置かれている

大垣城

続日本100名城。1500年築城か。織田氏、斎藤氏の争奪の的だった。1635年以降は戸田氏支配。空襲で天守は焼け外観復元天守がある。

静岡県
静岡市
駿府城

駿府城、浅間大社、富士山は一直線 家康のこだわり感じる街

「家康の人間形成の一番深い部分。それは駿府で育まれたと思います」。大河ドラマで徳川家康を演じた俳優の滝田栄さんに聞いて、なるほどと思ったことがある。

家康は今川義元の人質となった少年期に10年以上を駿府、すなわち静岡市で暮らしている。満年齢でいえば6歳から17歳の多感な時期である。

「高僧の太原雪斎の教育を受けたともいわれます。ここで仏教を学び戦をなくす世を志したのでしょう」と滝田さんは続けた。家康は「厭離穢土欣求浄土（おんりえどごんぐじょうど）」の馬印を掲げた。戦乱を払い、平和な世を目指すとの意だ。

少年期だけではない。家康が生涯で最も長く暮らしたのは実は静岡市。家康は本能寺の変後に甲斐・信濃を領有すると本拠を浜松から駿府に移し4年間住んだ。さらに将軍を秀忠に譲った後に駿府に戻り、亡くなるまで10年住む。合わせるとほぼ四半世紀、人生の3分の1を静岡

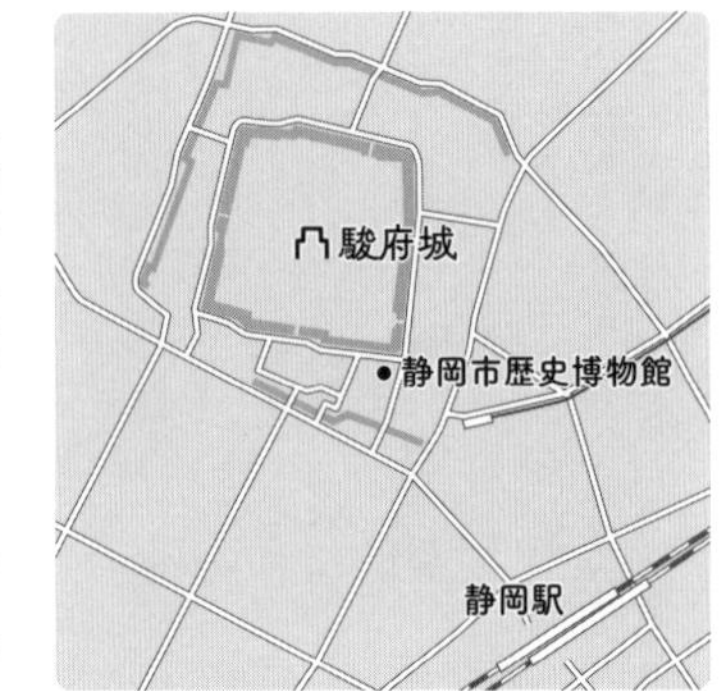

市で暮らしている。静岡駅前には少年期の竹千代君像と**5か国領有時代の壮年期の像**、駿府城公園には晩年の家康像が立つ。

そして家康の富士山へのこだわりもこの駿府で作られたと思う。有名な「一富士二鷹三茄子」という言葉は家康の好みを表したという伝説がある。富士山本宮浅間大社の最古の建物は家康の寄進だし、富士山頂上周辺が浅間大社の所有地なのも家康の命が元という。江戸の街の景観も、日本橋から富士が望めるようにするなど工夫されている。

よく晴れた日には、駿府城公園から富士山が良く見える。天守があった頃は、そこからの眺めはさらに素晴らしかったろう。実は駿府城天守と、富士山頂の浅間大社奥宮、富士宮の浅間大社は一直線上にある。これは偶然ではないだろう。

静岡駅前の壮年期徳川家康像

静岡の街も家康の作品と言っていい。駿府の街は古代の国府が起源で、位置は静岡の名の元となった賤機（しずはた）山（やま）の南東にある。西の安倍川からの土砂が回り込んで堆積した豊かな土地だが、時折の洪水に悩まされた。家康はこの安倍川の水が駿府に流れ込まないよう、薩摩土手という堤防を大々的に築いた。今も賤機山の西に薩摩緑地という公園があり、土手が残る。さらに東海道を城の大手正面に向かって進むように改めて町割りをした。静岡おでんの店や、十返舎一九の生まれた家跡なども、だいたいそのあたりにある。西郷隆盛・山岡鉄舟会見の地も東海道沿いだ。
駅前のビルには巨大な葵のご紋が描かれ、駿府城公園には家康お手植えのミカンの木などというものもある。まさに家康の街である。

そして訪れるべきは、その駿府城だ。家康が大御所の城として大拡張整備したものだが、その姿はかなり異形と言っていい。平成に入り中堀に面した**巽櫓**(たつみ)、**東御門**、坤櫓(ひつじさる)が復元されたが、櫓はどちらも3階建ての巨大なもので、小さな地方天守より大きい。
1、2階外壁がまっすぐに立ち上がり、間口が広い姿は通常の優美な櫓と違い、圧迫感すら感じる。東海道を江戸に進むと、左右にそびえるこの異形の櫓を眺めつつ歩くことになる。西国大名への威圧を意識したのだろう。中はいずれも資料館となっており、巽櫓には家康が少年

異形な駿府城巽櫓と続く東御門

駿府城天守の発掘風景

期に学んだ臨済寺の「手習いの間」も復元されている。本物は年2回ほどしか公開されないので、雰囲気を味わうには絶好だ。

家康の**駿府城**には、江戸城天守より広い敷地に7階建ての天守が建っていたという。近年は天守台発掘調査が進められ、発掘情報館で詳しい発掘内容などを見ることができる。また2021年には、駿府城跡に隣接して**静岡市歴史博物館**が開館した。ここは敷地から発掘された江戸時代の道路や石垣を間近に見られる珍しい博物館だ。そして城を眺めるならかつての三の丸に建つ県庁別館21階の展望台からがオススメ。天気が良ければ富士山も見える絶景ポイントだ。

駿府城
日本100名城。1585年築城。家康は1586年に浜松から移り1590年まで在城。1607年に再び大御所として駿府に移りここで1616年死去。

静岡県
掛川市
掛川城

二宮尊徳は生きている教え受けユニークな街づくり

知り合いの掛川市出身者に言われた。「二宮尊徳は掛川のものですよ」。どういうこと？　戦前は全国の小学校に像が立っていた偉人だが小田原市出身のはず。

尊徳は貧しい農民から努力と工夫を重ね、今でいう経営改善の達人として地元小田原藩はもちろん各地で引っ張りだことなり、「報徳仕法」という経営の極意を多くの門人に伝えた。その四大門人の一人が掛川出身の岡田良一郎だった。１８７５年、地元に「遠州報徳社」を作り尊徳の教えを広める。農学校や全国初の信用金庫を作り、地元の中学校の校長になるなどした。報徳社は一時全国に１０００社もでき、発祥の静岡県は特に盛んだった。

遠州報徳社はのちに**大日本報徳社**となり、昭和に入りその活動もあって全国の小学校に尊徳像が立つ。今も本部が城内にあり、その**大講堂**は重要文化財になっている。掛川は尊徳の思想を伝える拠点なのだ。

第3章・中部

大日本報徳社大講堂

尊徳は過去の人物と思われがちだが、高校野球で有名な報徳学園や大谷翔平の出身校花巻東高校など、いまも設立理念に「報徳仕法」を掲げ、その思想は根強く残っている。

掛川は一風変わった街だ。駅前には「雪が降ると大騒ぎ」「駄菓子屋でおでんが買えます」と妙なのぼりが立つ。全国唯一木造の新幹線駅舎を「日本一」と謳う。こうしたユニークさの一端は、市長を7期務めた榛村（しんむら）純一氏の影響かもしれない。全国初の生涯学習都市など、ひと味違った街づくりを心がけ、大日本報徳社の社長としても活躍した。

掛川城には全国で4つしか残らない城郭御殿建築の一つ**二の丸御殿**が残るが、そのPRを始めたのも榛村市長だった。その後天守を復元したが、11億円の費用のうちなんと7億円を寄付で賄った。今は御殿と天守を同時に見られる貴重な観光資源となっている。

江戸期から残る掛川城二の丸御殿

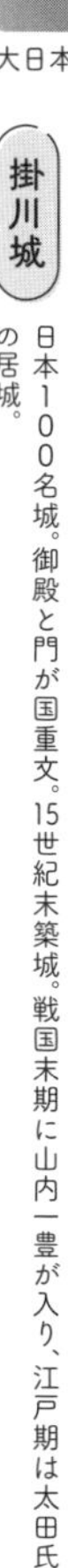

掛川城

日本100名城。御殿と門が国重文。15世紀末築城。戦国末期に山内一豊が入り、江戸期は太田氏の居城。

愛知県
犬山市
犬山城

からくりはものづくりの源流？ユニーク観光スポットでみんな満足

江戸の大名家の6、7割は現在の愛知県にルーツを持つという。将軍家が三河出身で親戚が諸国で大名になり、織田家、豊臣家の下で大名になった連中が各地に散らばっているのだから、なるほどと思う。しかしそもそも、愛知県出身者が揃って天下人になれたのには、特別な地域の精神があったのだろうか？

さて現代。ギスギスした東京、先細る大阪と比べ名古屋は訪れるたびに景気良さげに見える。思い浮かべると景気のいい企業が多いから当然か。でもそれにも理由があるのだろうか？

そして犬山祭である。全国に山車祭りは数多い。犬山の山車は13台で多くはない。だが犬山の山車は全てにからくり人形が乗っている。からくり山車は愛知や岐阜など旧尾張藩エリアに多いが、一つの祭りで13とは圧倒的な数だ。

城近くのからくりミュージアムではからくりの仕組みを見ることができる。祭りは春だが、城

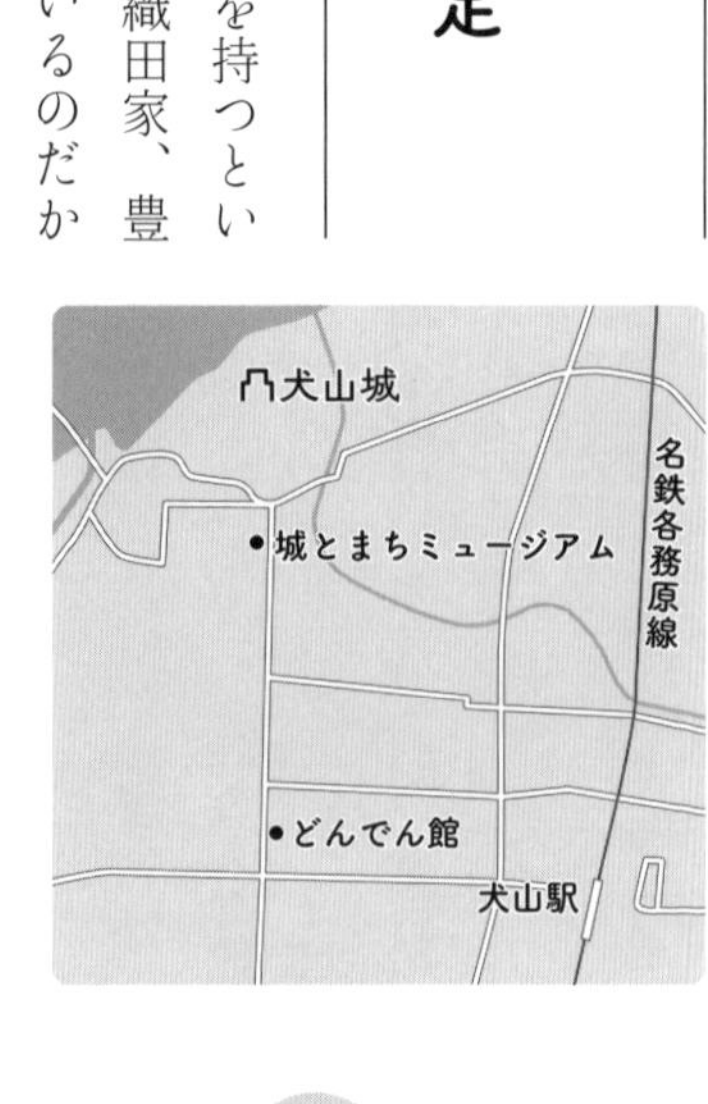

下の**どんでん館**には4台の山車がある。旧尾張藩でからくりが多いのは、藩がその技術者を保護したからで、京都など全国から呼びよせた。今も尾張藩地域以外でからくり山車が残る場所はほとんどない。

からくり人形は江戸時代のハイテク。その誘致が、現代のものづくり産業につながったのか？　まあそんなに簡単ではないだろうが、東京や大阪に対抗し、ユニークな食文化やサービスを生み出す愛知、東海地方の源流を見る気がする。

勢揃いした犬山祭の山車

犬山城

日本100名城。現存天守は国宝。国史跡。織田一族が築城し、江戸時代には尾張徳川家付家老の成瀬氏居城となり、明治に至る。

城下の「**城とまちミュージアム**」では詳しい城と城下街の歴史が学べ、城下通りは喫茶や土産物店で賑わう。また犬山周辺はユニークな観光スポットが多い。歴史好きが見逃せないのが、明治期の重要建築などを集めた明治村だ。重要文化財建築だけで11もある。城下町とともに訪れたい。

国宝・犬山城天守

愛知県
岡崎市
岡崎城

街を探検、二十七曲り門の中の小さな天守に感動

城下町は敵の侵入を防ぐために道が曲がりくねっていたというが、そんなことはない。関門となる場所は屈曲していても主要部分は真直ぐなのが普通だ。江戸時代もその方が暮らしやすい。だがここは違う。なんと城下の東海道に27もの曲がり角があるという。名付けて「岡崎城下二十七曲り」。

岡崎は徳川家康の生誕地だが、この二十七曲りを築いたのは敵対した豊臣秀吉の家臣、田中吉政だ。家康の関東移封後、その西上に備えて造ったという。

ご丁寧に折りたたみ式の案内地図が配られていろはの符号を振って、上に金のわらじが乗った道標が整備され、探しながら歩くのは結構楽しい。街の東外れの出発点から歩き始めよう。すぐにたどり着くかつての宿場の中心街、伝馬通には、街道の歴史にちなんだ20個もの石像がある。「お茶壺道中」「朝鮮通信使」などいわれを調べながら行くと勉強になる。

大樹寺の山門の中に、小さく岡崎城天守が見える

城の近くは屈曲が激しくなり、道に迷いそうになる。無くなった道もある。城の西側に出ると有名な**八丁味噌の蔵**が並び、やがて矢作川に出て二十七曲りはおしまい。味噌蔵は見学でき必見だ。途中、**田中吉政の像**や江戸時代の道標や常夜灯、家康の祖父や父の墓がある寺、城門跡や藩校跡など見所も多い。

岡崎で驚くのは、３７０年前の三代将軍徳川家光の命令が今も守られていること。歴代将軍の位牌が収められている**大樹寺**は、家康が桶狭間の合戦後に逃げ帰ってから再起を誓った場所だが、家光が寺を整備した際、寺の山門、総門から**岡崎城天守**が見通せるように命じた。この視界を遮る建物は今も建設禁止だ。３キロもある途中の道には鋲が打たれ、明示されている。総門の枠の中にかすかに見える天守を眺めると伝統を守る意思の力にうたれる。

岡崎城復元天守

岡崎城

日本１００名城。１４５２年築城か。徳川家康生誕地。家康産湯の井戸などが残る。天守は鉄筋コンクリートでの再建。石垣や堀が残る。

Column 3

目指せ城下町の〇〇通

私は初めての街に行くと、なるべくその街の博物館に行くようにしています。街の特色、歴史、文化などが分かりやすくまとめられているからです。観光地図も大体置いてあります。

そして宿泊する場合はなるべくホテルなどでは食事せず街に出ます。食事はなるべく郷土料理の店にし、地元の酒を飲み、店の人に話を聞きます。郷土料理の店は古くからの地元の人が多く、いろいろな話を知っています。

問題はどうやって店を探すか。ホテルが手っ取り早いですが、全国チェーンの若いフロント係はよく知らないことが多く、泊まる際は地元資本っぽい店を選ぶと、お歳を召した人が出てきて色々知っていたりします。最後は街をぶらぶらすることです。店の佇まいで良し悪しはだいたいわかります。

城下町で何を見るか。ガイドブックにはたくさんのことが書かれており事前に参考になりますが、限られた日程で全部を体験することはできません。私は城下町めぐりをするなら何かポイントを決めておくと良いと思います。

お祭りを見る、地元イチオシの酒を飲む、パン屋に行く、花を目指す、なんでもいいです。これをいろんな街でやると、その違いや共通点がわかってきてその道の「通」になります。通になると次に行く街が楽しみになり、いい循環が生まれます。ぜひお試しください。

第4章 近畿

48 津市
津城

49 桑名市
桑名城

50 伊賀市
伊賀上野城

51 松阪市
松坂城

52 長浜市
長浜城

53 彦根市
彦根城

54 近江八幡市
八幡山城

55 舞鶴市
田辺城

56 岸和田市
岸和田城

57 豊岡市
出石、出石城・有子山城

58 丹波篠山市
篠山城

59 たつの市
龍野城

60 姫路市
姫路城

61 赤穂市
赤穂城

62 明石市
明石城

63 大和郡山市
大和郡山城

64 宇陀市
宇陀松山城

65 和歌山市
和歌山城

兵庫
京都
滋賀
三重
大阪
奈良
和歌山

三重県
津市
津城

「天むす」「みそかつ」本家は津 ユニーク食品発祥の街

「天むす」「みそかつ」というと名古屋めし、と思っている方がほとんどだろう。違う。両方とも発祥は津である。

天むすは津観音門前の天ぷら屋「**千寿**」が１９５０年代にまかない料理として考案したもの。80年代になって暖簾分けした名古屋の店が評判となって大ブレイクし、全国区の食べ物となった。

「千寿」は今は天むす専門店で、握りたて5個が８２５円。たいていの天むすとは違い、中身は外から見えない。ふっくらとしたアツアツのご飯がおいしい。

みそかつは異説もあるが、１９６５年に市内の洋食店「**カトレア**」が、「日本人にも食べやすいように」と味噌ベースのソースを考案したのがいつしか名古屋にも伝わったらしい。

これだけではない。津にはオリジナリティあふれる食べ物がたくさんある。黒いカレー、「ブラックカレー」を時々目にするが、この名称は津城隣にあるレストラン「**東洋軒**」が昭和戦前

に客の要望で作り上げたという。今も同店の名物メニューだ。

「津ぎょうざ」は学校給食メニューとして1985年に考案され、B-1グランプリなどにも出ている。直径15センチもの大きな皮を使う巨大餃子で、油であげるのが決まりだ。

カトレアのみそかつ

ひつまぶしやいちご大福にも津発祥説があり、あんまん・肉まん、あずきバーの井村屋やベビースターラーメンのおやつカンパニーも津が本社。

なぜこれほどユニーク食品が津で生まれるのか理由は謎だ。そもそも三重県は食材が豊富で、伊勢エビ、アワビ、牛肉などが有名ではある。伊勢参詣で諸国の人が集まって情報が豊富なところに、伊勢商人の進取の気性がこうした食べ物を生んだなどともいわれる。

様々なユニーク食、ぜひご当地で味わってほしい。

藤堂高虎らしい広々とした津城の堀

津城

続日本100名城。16世紀半ば築城。1608年に移った築城名人藤堂高虎の縄張りが注目の城。現在残る建物は観光用の模擬建築。

三重県
桑名市
桑名城

本場のハマグリ、実は別物 東海道2番目の大宿場町

テレビの時代劇がすっかり減ってしまい、「その手は桑名（食わない）の焼きハマグリよお」なんて台詞回しは、若い人には「なんすかそれ？」とせせら笑われるのが関の山だろう。

だが私は子供の頃から気になっていた。桑名の焼きハマグリは、そんなセリフになるほどうまいのか？　しょせん同じハマグリではないのか？

実は同じではないのである。桑名のハマグリは、「ハマグリ」という種。ヤマトハマグリとかホンハマグリと言ったりもする。スーパーなどで売られているハマグリのほとんどは中国からの輸入品で、シナハマグリという。殻を見ると形は二等辺三角形に近い。

では数少ない国産ハマグリなら同じかというとそうではない。国産の大部分はチョウセンハマグリという別種なのだ。この「チョウセン」は「朝鮮」ではなく「汀線」で、なぎさという意味。鹿島灘など外海に面した砂地に生息しており、碁石などの材料にもなるが、もちろん食

べられる。

古来美味とされる「ハマグリ」は、今は桑名周辺か有明海の一部などでしか採れない。この種は内海の河口付近しか生息できないが、水質汚染や埋め立てで生息地がほとんどなくなった。環境省の絶滅危惧種リストに載ってしまうほどだ。

はまぐりプラザのはまぐり丼

桑名では産地だった目の前の干潟を干拓で埋めてしまったため、戦後2000～3000トンほどあった漁獲が激減、1995年にはなんと0・8トンになってしまった。ほぼゼロである。これではいけないということで、県内の牡蠣養殖技術に学んで稚貝を育成し、人工干潟も整備してようやく百数十トンにまで回復した。

「ハマグリ」は他の親類とどう違うのか。まず殻は不等辺三角形で片方のへりが長い。さらに殻に「ハ」の字模様が出る場合が多い。そして味。何より柔らかく旨みが違う。

この「ハマグリ」を気軽に味わってもらおうという施設が、ハマグリ漁の街、桑名の赤須賀にできた「**はまぐりプラザ**」だ。焼はまぐり定食2700円、はまぐり丼1500円など、市内の料亭などと比べれば破格の値段で食べられる。かつての漁場、揖斐(いび)川を眺められる席で初めて食す本物の味は、最高だった。プラザ内にはハマグリ復活の取り組みや、種の違いなども展示してある。

しかし剝き身になったハマグリは素人には区別のつけようがない。市内のバーで見分け方を聞いたが、「値段ですね」と諦めたような返事。やはり桑名に行って、信頼できる店で注文するしかないようだ。

漁港があることでわかるように桑名は港町だった。江戸時代の東海道は、名古屋市にある熱田神宮門前の宮宿から桑名までが唯一の海路。宮宿は東海道最大の宿場町で、桑名はそれに次ぐ2番目の宿場。伊勢参りなどの客で大いに賑わった。

この航路を「**七里の渡し**」と呼び、桑名の上陸地は史跡として整備されている。川に面した広場には、伊勢国入り口ということで、式年遷宮のたびに神宮から貰い受けた鳥居を建てている。

脇の水路は桑名城の外堀も兼ね、今も江戸時代の石垣が延々と残る。港の向かいは城内で、復元した蟠龍（ばんりゅう）櫓が建ち風情がある。水路と並行して走る旧東海道沿いは趣のある街並みで、いまも高級料亭などが軒を並べる。

七里の渡跡に立つ鳥居と桑名城の模擬櫓

東海道の要衝であり、木曽三川（木曽川、長良川、揖斐川）の河口部を抑える地ということで、桑名は幕府から重視された。初代の藩主は徳川四天王の一人本多忠勝で、墓も市内にある。忠勝は桑名城と城下町を整備したが子孫は移り、その後は家康の血筋を引く松平家が10万石クラスの大藩として治めた。幕末には松平定敬が出て薩長と激しく争ったため、明治以降は桑名出身者は不遇だったという。

桑名城も多くの石垣石が近くの四日市港の整備に転用されたため、破壊が進んだという。

桑名城を築いた本多忠勝と名槍「蜻蛉切」の像

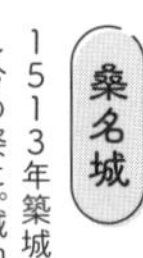

1513年築城。1601年以降、本多忠勝が改修し今の姿に。城内に名槍「蜻蛉切」を持つ像がある。

三重県
伊賀市
伊賀上野城

「忍者」広めた功労者を知る 芭蕉ゆかりの地めぐりも楽し

2018年、「年収1000万で伊賀市が忍者を募集中」というフェイクニュースが世界を駆けめぐり、市役所には23か国から100件以上もの問い合わせが殺到した。それほどまでに「NINJA」は世界ブランドなのだ。

市もそれを利用している。「誤報」の際も市長がわざわざ記者会見し、募集は否定しつつも「伊賀市は忍者市。ぜひお越しを」と5か国語で発信した。市長の表情は心なしか嬉しそうだった。

伊賀鉄道で市街に向かおうとするとやってくるのは**忍者列車**。前面や側面が松本零士氏デザインの忍者の目でちょっと怖い。ホーム案内も「忍者は1番のりば〜」。駅は昔からの「上野市駅」のままだが「忍者市駅」の看板の方が大きい。

降りると忍者の描かれたコインロッカー、ガードレール、店の看板と、もう忍者づくし。街灯や店舗の2階の窓や塀の上には忍者がいる。もちろんマネキンだが、夜出会うとぎょっとす

松本零士デザインの伊賀鉄道の忍者列車

る。忍者姿で散策できる変身処もあちこちにある。

極め付けが**忍者博物館**。伊賀上野城内にあり相当本格的だ。郊外にあった土豪屋敷を移設した「からくり忍者屋敷」には、どんでん返しや地下の抜け道、武器隠しや中二階の隠れ場所など様々な仕掛けがあり、「忍者」が案内してくれる。「忍術体験館」にはあらゆる忍術道具が展示され、「忍者伝承館」ではその歴史などを紹介。さらに別料金で観覧できる忍者実演ショーがいい。実際の武器を使い、かなり鍛えたアクションで、笑いも含めた練った筋書きや演技も大人の鑑賞に耐える。「手裏剣は一撃必殺の近接武器で、映画のようにたくさん持ったり撃ったりしない」などの知識も、ほほう、と感心する。

博物館の前身の伊賀流忍者屋敷を作ったのは、市長だった故奥瀬平七郎氏。「忍術まつり」「忍術音頭」などを始め伊賀の忍者観光の基礎を作るが、忍術研究家でもあり、その成果で「忍者」が世界ブランドに発展した。

実は「忍者」という言葉は、奥瀬氏の研究などを生かした戦後の白土三平、司馬遼太郎らの作品で広まったもの。戦前までは「忍術使い」と言っており、江戸時代は「乱破（らっぱ）」「素破（すっぱ）」「草」など各地で呼び名もまちまちだった。

村山知義原作、市川雷蔵主演で大ヒットした映画「忍びの者」シリーズにも奥瀬氏は協力し、伊賀市でのロケも実現した。こうした努力があってこその「忍者＝伊賀」なのである。

上野市駅前に立つ松尾芭蕉像

伊賀市は芭蕉の街でもある。駅前には大きな**芭蕉像**が立つ。市街はずれに**芭蕉生家**が残り、裏には最初の句集『貝おほひ』を執筆した書斎「釣月軒」がある。そして上野城内にある芭蕉翁記念館は必見。芭蕉直筆の文書などが所蔵され、芭蕉の業績が一覧できる。折々に企画展も開かれている。忍者博物館も近く、その脇には芭蕉を祀った俳聖殿がある。芭蕉の旅姿をかたどったというユニークな戦前の建築で国の重要文化財。芭蕉忌の10月12日に行われる芭蕉祭は、この前が会場だ。

市内には80もの芭蕉句碑があり、網羅したパンフレットがあるので、訪ね歩くのも一興だ。

国内最高級の上野城石垣

忍者博物館や芭蕉翁記念館がある**伊賀上野城**は、築城巧者といわれ江戸城の設計もしたと伝わる藤堂高虎が大改修して現在の姿となった。大阪の豊臣氏に備えて造られたため、大阪に向く西側の石垣は約30メートルと国内屈指の高さだ。

また天守台には戦前に建てられた木造の模擬天守があり、藤堂家関連の展示などのほか、見ものは最上階の天井画。格天井の枠の一つ一つに、横山大観、川合玉堂、岡田啓介、尾崎行雄、徳富蘇峰など当時の政治・文化のトップクラスの人物たちの揮毫（きごう）や絵が飾られている。

伊賀上野城

日本100名城。国史跡。1585年築城。江戸時代は津藩藤堂家の支城として城代が置かれた。

三重県
松阪市
松坂城

日本経済の誕生地を発見 本居宣長を身近に感じる展示

松阪市は近代日本経済誕生の地だ。江戸時代初期、綿織物の国産化を機に全国の産業化が一気に進む。綿織物最大級の産地が伊勢であり、その扱いで成功したのが松阪商人だった。代表的な大商人が三井越後屋、すなわち今の三越であり、そこから発展したのが今の三井グループだ。

江戸時代の中心街の一角、本町交差点には大きく「三井家発祥地」の案内表示がある。その一角は「豪商ポケットパーク」という四阿（あずまや）のある休憩広場になり、三井グループが送ったライオン像が鎮座している。三井家初代三井高利は1622年、伊勢街道を挟んでやや斜め後方の立派な門がある敷地で生まれた。産湯の井戸などがある。

伊勢街道をさらに進むと「**旧小津清左衛門家**」がある。これは今も小津和紙で知られる小津清左衛門家の豪壮な旧邸。江戸時代は三井に次ぐ豪商だった。伊勢街道西側を一つ入った通りには、のちほど詳しくご紹介する本居宣長邸跡があるが、彼も旧姓は小津で一族の出身。映画

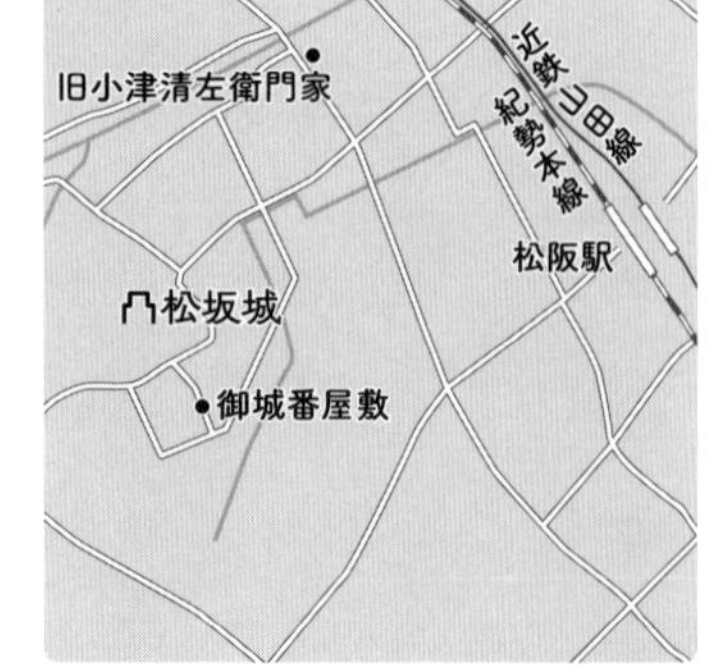

監督の小津安二郎も一族で、松坂城内にある松阪市立歴史民俗資料館内に小津安二郎松阪記念館がある。

宣長旧宅の通りには重要文化財の**旧長谷川邸**もある。こちらは公開日が限られるが、明治期以降に拡張した見事な庭園や、蔵に残る千両箱なども解説付きで見ることができる。

江戸時代の松阪商人の住まい、重要文化財旧長谷川邸

江戸時代初期、徳川の平和の下、日本全国で新田開発が進む。人口が増えるとともに、国産化に成功した綿織物が爆発的人気を呼び生活革命が起きる。綿を染める藍や紅花の生産が盛んになり、肥料にするイワシやニシン、夜なべ仕事のための菜種油の需要が高まる。参勤交代で整備された交通網を使い特産品の貿易が進み、決済のための両替・為替が発達する。こうした素地に明治維新で西洋の科学技術を取り入れ、日本の近代化は急速に進んだ。

伊勢は綿の産地であり、古くから織物が盛んだったため上質の綿織物が大量に作られた。それを扱った地元の商人が、江戸や京都で大成功したのは自然な流れだった。お伊勢参りなどで人の流れが多く情報も入りやすかったのだろう。画期的な商いをしたという三井高利の発想も、諸国の人たちとの交流で育まれたのかもしれない。

本居宣長はそれまで解読不能だった古事記を研究し、「古事記伝」を著した大国学者として知られるが、元は松阪の大商人の息子だった。しかし商売よりも読書が好きで、商売は畳んで医者として生計を立てるとともに学究の道に入る。

現在は松坂城内に先の旧宅から移された自宅と、隣接して本居宣長記念館がある。ここで知る宣長の姿は、固いイメージからさらに踏み込んだ、実にこだわりの強い人間性がわかって面白い。

15歳の時に書いたという歴代中国王朝の変遷図や、17歳の時に作った巨大で細密な日本地図などには驚かされる。「天地」という語になんと訓をつけるかという、師の賀茂真淵とともに歩んだ5年半の苦闘や、古事記に出てくる「三角柏」とは何かを知るための様々な植物採集の記録とか、まあよくここまでやるわい、と感服する。古事記への凄まじい書き込みや付箋の量、端正な字にも驚く。

細部にこだわって突き詰めていく姿勢・精神は、やはり商家ならではものだろう。よく武士

今も人が住む、国重文・旧松坂御城番長屋

松坂城の高石垣

道と結びつけられがちな「大和心を人問わば」の歌も、平安からの「もののあはれ」が大切であるという表明であり、もっと穏やかな美や自然を尊ぶ心持ちに違いない。

松阪商人活躍の基盤を作ったのは、松坂城を築いた蒲生氏郷である。その後会津に移り、のちにお家断絶となったため現代の知名度は低いが、信長、秀吉に重用され築城名人であった。また近江出身の氏郷は商業の大事さを認識しており、商人を集め、信長にならった商業重視策を取った。こうした歴史の積み重ねが、現代の日本の繁栄を生んでいるのだ。

松坂城

日本100名城。国史跡。街は「阪」、城は「坂」。氏郷構築の石垣が見事。隣接した旧松坂御城番長屋は国の重文。

滋賀県

長浜市

長浜城

シャッター街から復活、黒壁スクエア 町衆の自治の伝統、秀吉時代から

街を歩いて驚いた。賑わっている。訪れたのは真冬の平日の昼。それでも多くの人が歩き、店が開き、灯りがついている。人口10万強の新幹線も通らない地方都市。商店街は寂れ、シャッター通りとなっているのが相場なのだが。賑わいの中心に黒壁ガラス館があった。美しいガラス製品が並び、多くの女性客で賑わっている。

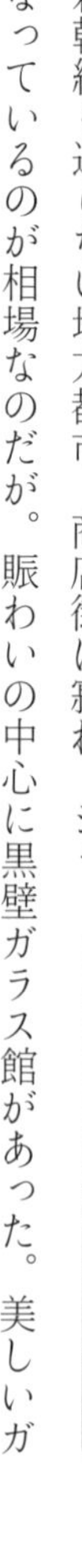

黒壁はガラス館の名であり、ここを中心に中心街で多数の店舗を運営する会社名でもある。かつて銀行だった建物だが、キリスト教会となって黒い漆喰壁は白く塗られ、昭和の終わりには中心街の信者減少から売りに出されていた。

他の地方都市と同様、ここでも小売業の中心は郊外の大型店に移り、中心街の空洞化が進んでいた。かつての名建築が売りに出て、とにかくここを保存してなんとかしよう、とできたのが第三セクター会社「黒壁」だった。

しかし買ってはみたものの、何をするかは決まっていなかったという。誰かが女性に人気のガラス細工店はどうかと提案し、小樽やヨーロッパなどを視察してオープンした。実のところガラスと長浜は全く関係がない。平成時代に入ってからの出会いだが、これが当たった。ガラス細工からステンドグラス、さらに体験制作と幅を広げ、**オルゴール館**や空き店舗を再生した飲食店など、どんどん増やした。ほとんど人通りが絶えていた街が、年間２００万人もが訪れる観光商店街に変身した。街づくり成功例として全国から視察が相次いだ。

黒壁オルゴール館

　近年の景気低迷で売り上げや観光客数はピーク時よりは減っているが、最近は、古民家や町家を改造したゲストハウスなどが市内にオープンし、宿泊観光客を増やそうという動きが進んでいる。

　中心街は今、**黒壁スクエア**と呼ばれ、楽しいスポットが数多い。黒漆喰の古民家を再生した全国展開する和菓子店のカフェ、フィギュアで有名な海洋堂の博物館、やはり古民家を改装した店の焼鯖そうめんは絶品だった。他にも近江牛の店、琵琶湖産の水産物店、北国街道沿いのステンドグラス照明など、心惹かれるもので溢れている。これらが本当に狭いエリアにギュッとつまり、駅からも徒歩圏内なのだ。

黒壁の成功は役所主導ではなく、地元の有力者が引っ張って展開してきたが、それは江戸時代からの街の精神だと思う。長浜は豊臣秀吉が開いた城下町だが、その支配は短期間だった。しかし江戸時代に入っても特権都市として町衆による自治が続き、彦根藩の経済を支えた。

その財力を背景にした長浜曳山祭はユニークで、12基の山車に舞台があり、毎年4基ずつが交代で出場して子供達が歌舞伎を演じる。スクエア一角にある曳山博物館では常時、その一部を展示している。

また長浜は琵琶湖水運、日本海側との交通の要衝だった。北陸線の工事は長浜を起点に始まっており、現存日本最古の駅舎が**長浜鉄道スクエア**として公開されている。向かいにある慶雲館は地元の水運業者が明治天皇を迎えるために造り、今は長浜市の迎賓館だ。見事な建築と庭園で知られるが、毎年1月から3月に開かれる盆梅（鉢植えの梅）展は日本一といわれる。巨大な盆梅が広間などに置かれた姿は壮観だ。

天守姿に造られた長浜城歴史博物館

江戸時代は商人の街として栄えた古い街並み

秀吉の城跡には天守台跡と、天守姿に造られた**長浜城歴史博物館**があるが、秀吉の城の姿は実はよくわかっていない。城跡は豊公園となり琵琶湖に面しているが、昭和になって秀吉時代のものと思われる井戸跡が見つかり、今は湖の中に石碑が立っている。

秀吉が大坂城に移ったあとは山内一豊が城主となったが、その時代のものといわれる門が、スクエア外れの大通寺台所門となって残る。ここは井伊家の庇護を受けた大寺で、本堂や広間は見事な重要文化財だ。

長浜城

1573年、羽柴秀吉築城。1615年廃城。資材は近隣の彦根城築城に流用された。秀吉の城の多くは天正地震で琵琶湖に沈んだという。

滋賀県
彦根市
彦根城

「一期一会」の語を作った直弼 風俗店と町屋が同居する街

彦根市はアンチヒーローの街だ。時代劇などで敵役、悪役となりがちな井伊直弼、石田三成がこの街では英雄なのだ。三成の居城佐和山城は彦根駅北東すぐ。彦根城と目と鼻の先だ。徳川家を意識し東に備えて築城された。街には三成にちなんだ土産物や展示施設もある。

関ヶ原の合戦後、井伊直政は佐和山城に入り、徳川家の総力をあげた新たな城造りが、彦根城のある金亀山（こんきさん）で始まる。今度は西の大阪を意識し城と城下町づくりが行われた。以後譜代大名最大の30万石の大名として、明治維新まで変わることなく井伊家が藩主であった。

井伊家は四家しかない大老の家柄だったが、最も有名なのが幕末に就任した井伊直弼だろう。朝廷の意に反し開国し、安政の大獄を引き起こしたことが負の事績として語られることが多いが、これは維新政府に都合のいいものの見方である。

直弼が44歳で暗殺されるまでの生涯のうち、大老職にあったのはわずか2年足らず。その間

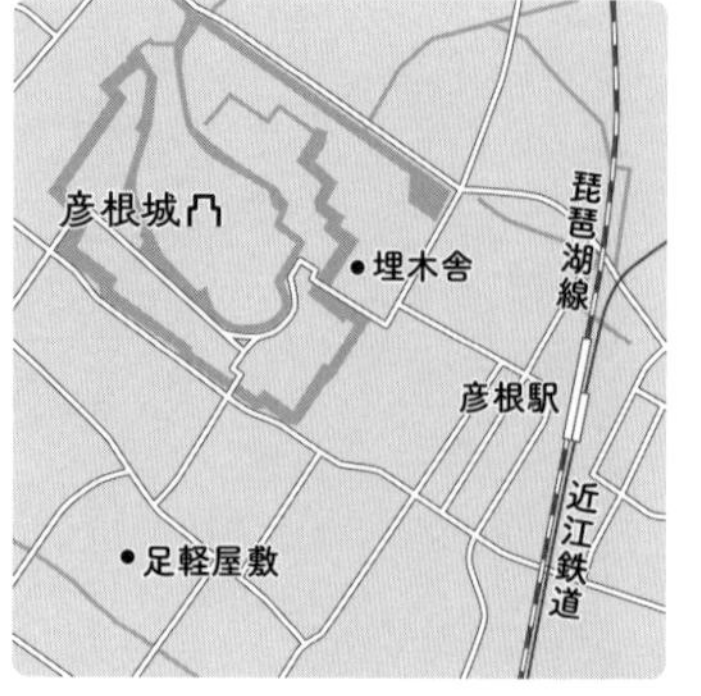

井伊直弼が生まれた槻御殿に隣り合う玄宮園と彦根城天守

の事績だけで人物を語るのはあまりに狭い了見だ。

直弼は1815年、14代藩主直中（なおなか）のなんと14男として、二の丸槻（けやき）御殿で生まれた。入り口に「井伊直弼生誕地」の碑が立つ。当時の建物の一部は現存し、庭から眺めることができる。生誕時に父・直中はすでに隠居しており、藩主は兄の直亮（なおあき）が継いでいた。直弼は父が死去すると御殿を出て、三の丸の小さな屋敷で300俵取りの身分で過ごすこととなる。

兄達は次々と養子に出て大名にもなるが、直弼は話がまとまらず、19歳の時に候補になったものの弟が選ばれてしまった。直弼は屋敷を「**埋木舎**（うもれぎのや）」と称する。自分を土に埋もれた木にたとえ、世の雑事から離れ、茶の湯や和歌、居合、国学などに没頭した。埋木舎は彦根城の堀端に残り、直弼が勉学に励んだ部屋などを見ることができる。

中でも直弼は茶の湯の石州流を極め31歳で一派を興

し、その後千利休の言葉から「一期一会」という語を編み出す。直弼は当時の華美な茶の湯を批判し、主と客が一回限りの思いで関係を深め合う事を重視した。彦根城博物館には自身で削った茶杓が展示されており、手間を惜しまず丁寧に作った形が、几帳面できめ細やかな性格を表す、と解説されている。

直弼は15年を埋木舎で過ごすが31歳の時に世継ぎが亡くなり、兄の養子となって自身が世継ぎとなる。そして1850年、直亮の死とともに34歳で藩主となる。世捨て人同然だった身から藩主へ。どんな気持ちだったのだろう。

大老就任もひょうたんから駒だ。老中首座だった堀田正睦（まさよし）は、ペリーの開国要求に朝廷の許可を得ようとして失敗。嫌々ながら対立する松平春嶽を大老にして局面を打開しようと将軍家定に進言するが、家定は「大老なら直弼しかあるまい」と命じてしまう。

その後はご存知の通りであるが、批判される勅許なしの条約締結は、実は部下の独断であり、直弼は勅許を必要と考えていた。しかし部下に責任を転嫁せず、自らが矢面に立つ。

彦根城内にある井伊直弼像

彦根城内の**直弼像**には「開国を英断。心情をくむことのできなかった人々によって暗殺された」とある。まさにその通りである。当時の攘夷派が言うように外国と戦っていたら日本はどうなっていたか。誠に空恐ろしい。

国宝・彦根城天守

彦根城下にはかつての城下の面影を残す街並みがあちこちに残る。中でも面白いのは袋町。江戸時代風の町屋が残る街道の裏に、滋賀県内でも屈指の風俗街がある。古びた格子窓の向かいにギラギラした看板が林立している。なんともアンバランスな風景が面白い。

もう一か所、かつての**足軽組屋敷**が残る芹橋2丁目。道筋を少しずらして見通しをよくした角にある辻番所が今も残るほか、古い組屋敷が何軒も残る。

そして**彦根城**といえば今やひこにゃんだが、彦根では原則毎日3回、天守前、街中、博物館前に登場する。都会に出張するときと違って人出も少なく、記念カードがもらえる場合もある。

彦根城　日本100名城。現存天守は国宝、国重文多数、国特別史跡。1622年築城。彦根城博物館は御殿を再現したもの。

滋賀県

近江八幡市

八幡山城

市民の清掃で復活した八幡堀 洋風建築も多いヴォーリズの街

「水戸黄門」「暴れん坊将軍」「必殺仕事人」「鬼平犯科帳」……名だたる時代劇に共通するのは、全て近江八幡でロケをしているという点。城下の**八幡堀**が、「江戸」っぽい水辺の風景として欠かせないからだ。

しかしこの風景は一時、風前の灯し火となった。水運が衰退する中、御多分に洩れず浚渫（しゅんせつ）などが行われなくなり、汚水が流れ込んで悪臭を放つようになった。地元の要望で市は堀を埋める計画を1970年代に立てる。しかしここで異論が出る。「堀は埋めた瞬間から後悔が始まる」と、青年会議所が堀の美化運動を始めたのだ。観光目的ではなく、「自分たちの歴史を守る」との思いだった。

当初は妨害まで受けた運動も地道なドブさらいの継続で参加者が増え、ついに国の予算までついた計画を撤回させる。

第4章・近畿

江戸時代かと見紛う八幡堀

青年会議所で活動をリードした川端五兵衛氏はのち市長になり、全国初の景観計画区域設定など、近江八幡の良さを守る施策を打ち出していく。

八幡堀は眺めるだけでなく、堀ぎわまで降りてその端を散策できるのがいい。堀を行く遊覧船もあり、サクラや紅葉の季節は素晴らしい。堀端の花もよく手入れされ、石垣や土蔵、木造の東屋など、いちいち和ませてくれる。

八幡堀などの古くからの日本の風景に加え、ヴォーリズの洋風建築群も素晴らしい。

アメリカ生まれのウィリアム・メレル・ヴォーリズはキリスト教布教の念に燃え、1905年に英語教師として赴任する。しかし熱心さが疎まれてクビになり、生活に困って若い頃目指した建築の知識を活かした建築事務所を開業する。

彼の建築の特徴は、住む人、使う人を考えた優しさにあるという。たちまち人気を得て、教会や学校、住宅などその数は全国に１６００あまりともいう。東京の明治学院礼拝堂や、重要文化財の神戸女学院校舎群などが有名だが、終生暮らした近江八幡には数多くの作品が残る。

最初期のアンドリュース記念館は今も店舗が入る。旧八幡郵便局は観光施設になり、八幡堀そばの住宅は「クラブハリエ」店舗になった。池田町の住宅群は地元の瓦や壁材を使って、洋風建築ながら古い街並みに溶け込んでいる。

ヴォーリズの業績はまだある。知人が開発した皮膚薬メンソレータムの日本販売代理人となって近江兄弟社を設立し大成功させた。今は別の会社に権利は移ったが、メンタームの名で製造を続けている。

ヴォーリズは日本の華族令嬢と結婚し日本国籍を得る。教育・福祉活動にも熱心で、市内には近江兄弟社の幼稚園から高校までが名門校として立ち並ぶ。ヴォーリズ風の優しい校舎が個性的だ。ヴォーリズ記念病院には、旧本館のツッカーハウスや五葉館があり、保存運動が続けられている。

芝生屋根の「ラ　コリーナ近江八幡」の建物

戦後は近江八幡市の名誉市民第1号となり、1964年、今は**ヴォーリズ記念館**となっている自宅で亡くなった。彼が生まれたレブンワース市と近江八幡は、全国でも珍しい「兄弟都市」だ。

現在、市内で最も観光客を集めているのは、「**ラ コリーナ近江八幡**」だ。年間300万人を超える滋賀県内ぶっちぎりの一大観光スポットである。市内発祥の和菓子店「たねや」や系列の洋菓子店「クラブハリエ」が集まった商業施設だが、藤森照信氏設計の建物は屋根全体に芝が生え、いつも水が滴る。大きな銅屋根ドームの本社屋など見ているだけで笑みがこぼれる。焼きたてバウムクーヘンが有名で、週末は大変な行列だ。

その「たねや」は近江商人の末裔。安土城は今や合併で同じ市内だが、その城下町を豊臣秀次が移したのが八幡城下町の始まりで、近江商人繁栄のきっかけだ。八幡堀は城下町の商業路として造られた。伝統ある「たねや」が洋菓子を始めたのは、近所に引っ越してきたヴォーリズの勧めだという。様々なつながりが街のにぎわいを作っている。

八幡山城麓の豊臣秀次居館跡石垣

八幡山城

続日本100名城。1585年築城。羽柴秀次は1590年に清洲城に移り、城は1595年に廃城。秀次居館跡の遺跡が残る。

京都府
舞鶴市
田辺城

海面ギリギリに建つ城下の漁師町 外国人が注目して人気に

舞鶴というと軍港のイメージが強いと思うが城下町である。ただ軍港地区で赤煉瓦建築などが人気なのは東舞鶴。城があるのは西舞鶴で車で20分ほどかかる。実は別の街である。

その西舞鶴の城下には、日本でも唯一と思われる変わった城下の街並みがある。最近は「日本のベニス」などと外国人観光客が押し寄せる**吉原地区**だ。

ここは城下でありながら漁師町で、しかもワクワクする「細道」の街だ。街は300年ほど前まで城に近い場所にあったが、火事で山際の細長い土地に移転させられた。漁師町なので山の裾野に細長い舟入堀を造り、その両側に漁師の家がある。

それが実に水面ギリギリまで家を建てている。訪れた時は床と海面は数十センチほど。まるで水の上に家があるようだ。この付近は干満の差が少なく、このような建て方ができる。同じ城下でも川に近い場所には洪水の被害があるが、吉原地区は全く平気だと地元の人は言う。

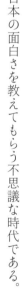

舟入堀の裏は、江戸時代と思われるひさしの低い二階屋がずらっと並ぶ。こういう取り合わせは他では見られない。車が通れない狭小路地がクネクネと続く。海辺の漁師町で細い路地は珍しくないが、ここは城下町。

民家と船が並ぶ吉原地区

あちこちに小さな祠があり、石仏がまつられている。加工場が多いのか貝殻がそこかしこに散らばる。猫が睨む。蟹が側溝から現れ、また戻っていく。小さな漁船がポンポンと音を立てて出漁する。

舟入堀をまたぐ橋の上からの景色はなんとも不思議。これを「べニス」と称するのはいささか違和感があるが、外国人らがネットに写真をアップしてそう呼んでいるらしい。近年、舞鶴にはクルーズ船の入港が急増しており、外国人も大勢訪れているのだ。

外国人に日本の面白さを教えてもらう不思議な時代である。

資料館となっている舞鶴城の模擬建築

田辺城　1582年、細川藤孝築城。関ヶ原合戦の際、西軍1万5000を引きつけ細川家躍進の功績となった。石垣が残り、模擬天守がある。

大阪府
岸和田市
岸和田城

進化続けてきた「だんじり」鉄の車軸と舗装で猛スピードに

「だんじり」はお祭りの山車の、西日本、特に関西での名称だが、東日本では「だんじり」といえばもう岸和田の祭りというイメージではなかろうか。

それは岸和田の「だんじり」が飛び抜けて猛スピードで、しかも鍵状の道をすり抜ける「やりまわし」がスリルあふれるからだろう。時に道筋の建物を壊し死傷者も出してきた。

岸和田城間近には巨大な**岸和田だんじり会館**があり、だんじりが展示され、模型のだんじり上での鳴り物体験もできる。だんじり視点で街をすり抜けるVRシアターもあり臨場感満点だ。

もちろん歴史についての展示も。祭りの始まりは諸説あるが18世紀初め頃で、300年前後の歴史がある。詳細な絵入り年表があるが、最初期の絵を見て目を疑った。

長さ1・5メートルほどの荷車に太鼓が一つ乗り子供3人が引っ張っている。それが当時の「だんじり」だという。台数も1台。「えー?!」である。しかし50年ほど経つと屋根のついた「だ

んじり」が描かれ、台数も6台に増える。

その後屋台に飾りが増え鳴り物も増える。近隣の街から豪華なだんじりをもらい、幕末ごろには今のような形になったらしい。

さて問題はそのスピードだ、これは明治以降の近代化が関わっている。車輪の軸が鉄となったのだ。これでスピードが出せるようになり、昭和に入り道が舗装、特にアスファルトになると格段に速くなった。つまり今のような速度になったのは戦後のことらしい。

しかしこれは他の関西の街でも同じはずでは？　と会館の人に聞くと、「市民性ですかねえ」と笑われてしまった。要は謎なのである。

祭りは伝統で変わらないように思うが、実は様々な進化を遂げている。運営でも、喧嘩防止の観点から昭和に行われていただんじりのすれ違いは廃止され、今は一方通行である。


初期のだんじりが描かれただんじりの歴史年表

重森三玲作庭の庭がある復元岸和田城天守

岸和田城
続日本100名城。15世紀築城か。三好長慶の拠点、豊臣秀吉の紀州攻略の拠点などののち、1631年以降岡部氏の支配。模擬天守がある。

兵庫県
豊岡市

出石、出石城・有子山城

「皿そば巡り」で食べ比べ 多くの著名人を輩出

古代の但馬国の地域では、今は豊岡の市街地が中心だが、城はかつての出石（いずし）町にしかなかった。また5万石の所領は現在の兵庫県域でも姫路藩に次ぐクラスで、出石が但馬国の中心だった。

殿様は江戸中期以降は信濃上田から移った仙石氏である。移封の際に蕎麦職人を連れてきたのが有名な皿そばの始まりという。さして広くない街に、組合加盟だけで40近い皿そば店があり、蕎麦屋の隣がまた蕎麦屋など当たり前である。

皿に小分けして出るというだけでなく、大きな徳利で蕎麦つゆが出され、生卵・とろろ・大根おろし・ネギ・わさびが必ずセットで薬味として出てくる。

食べ歩きをするなら「出石皿そば巡り」が便利だ。中心部の**観光センター**で永楽銭3枚入り2000円の巾着を買う。銭1枚で1軒の蕎麦屋で3皿のセットが食べられる。3軒で9皿。

第4章・近畿

有子山城を背後にした時の鐘・辰鼓楼。右奥が出石城

大人の男性ならちょうどいい分量か。普通は1食5皿なので、さすがに3軒回って15皿は難しい。生卵は3個食べることになるが。

食べる終わると記念に巾着にスタンプを押してもらえ、巾着を見せると街のあちこちの施設や買い物で割引が受けられる。またそれぞれの店の器の個性も楽しい。ご注目を。

戦国時代からの歴史を持つ街だけに逸話も多い。高名な沢庵和尚は出石の出身で、街外れの宗鏡寺に、京から戻ってしばらく隠棲した時期があった。沢庵作の庭が今も残る。また禁門の変後に桂小五郎が長期間身を隠した場所でもある。小諸市で紹介した木村熊二、粛軍演説の斎藤隆夫、新島八重の最初の夫川崎尚之助も出身だ。仙石騒動、生野の変の舞台でもあり、家老屋敷など関連する舞台も多く残る。狭い城下は全て歩いて回れるので腹ごなしをしながらめぐれてちょうど良い。

薬味が豊富な出石皿そば

出石城・有子山城

両方で続日本100名城。有子山は「山名氏城跡」として国史跡で1574年築城。出石城は小出氏の築城。

兵庫県
丹波篠山市
篠山城

「分散型古民家ホテル」発祥地 憧れの古民家でも居心地はホテル

古民家をリノベーションした宿泊施設がブームだ。どこもいいお値段だが、次々できるところを見ると人気なのだろう。その先駆け的なホテルが篠山にはある。

「**篠山城下町ホテルNIPPONIA**」は、点在する古民家、豪邸、商家などを宿泊施設に改造したものだ。これまでの旅館やホテルと違うのは、建物が何か所かに分かれた「分散型」である点。ここ篠山ではフロント棟は明治初期に銀行経営者が建てた豪邸。表は江戸風の商家作りで、風雨でくすんだ格子や木戸が渋い。

中に入ってびっくり。土間の一角にモダンなフロントがあり、向かいは畳敷きを板張りにしたダイニング。宿泊部屋は黒光りする太い梁が横たわり、土蔵の部屋は高い天井に驚く。もちろんバストイレ付き。地元の食材を使ったレストランのフレンチは見た目も美しい。他の棟も江戸時代築などの趣があり、1棟2、3部屋、あるいは1棟貸しなどだ。スタッフは常駐しな

いが、いつでも駆けつけてくれる。

近年は外国人観光客が大勢日本に押しかけている。彼らは何を期待して来るのか？　決して「オモテナシー」などではなく、自分の国にはない新しい体験を求めて来るのだ。宿泊施設でいえば、木造・畳・布団が楽しいのである。そんな彼らに古民家ホテルはピッタリだ。

篠山城下町ホテルNIPPONIA

こうした分散型古民家ホテルが可能になったのは2018年に旅館業法が改正されてから。「篠山城下町ホテル」は2015年開業だが、以前は棟ごとに営業許可を取っていた。それまで「旅館」は「畳」で「ベッド不可」、さらに5部屋以上あるなど不可解な規制があった。

篠山は江戸期の街並みがよく保たれている。茅葺の武家屋敷なども多く残り、歩いて楽しい。丹波黒豆や丹波栗、牡丹鍋など味の特産も多く、古民家滞在が似合う街といえる。

復元された丹波篠山城大書院

丹波篠山城

日本100名城。国史跡。1609年築城。徳川家康の命で、藤堂高虎が設計した整然とした造りが特徴。復元大書院がある。

兵庫県
たつの市
龍野城

薄口醤油と揖保乃糸 情緒漂う小さな城下町

薄口醤油をご存じだろうか。「淡口」「うすくち」などとも書く。日本の醤油作りは室町時代に始まったといわれるが、その後江戸時代になると関西では昆布出汁を使った料理が流行し、その風味を生かす醤油が求められるようになった。

薄口醤油は文字通り色が薄く風味も弱いが塩分は濃い。製造の過程で大豆と小麦から作ったもろみに、米を原料にした甘酒と塩水を加えると出来上がる。この発明地がたつの（龍野）市で、江戸時代の1666年のことだという。

龍野藩はこの生産・販売を奨励し、関西地方でのニーズとマッチしたため利用が広がる。京都や大阪では今も煮物などに使うのは薄口醤油が主流。関西のうどんの色が薄いのは薄口醤油を使っているからだ。関東など東日本では馴染みが薄いため、醤油全体に占める割合は全国で1割程度。

うすくち龍野醤油資料館の昔の醤油醸造展示

たつのは今も醤油産業の中心地で工場も多いが、こうした薄口醤油を中心とした歴史などは、「**うすくち龍野醤油資料館**」で詳しく知ることができる。重厚な煉瓦造りの建物は大手メーカー「ヒガシマル醤油」のかつての本社・工場を利用しており、建物自体が国の登録有形文化財だ。広大な資料館内には、醤油樽など実際に使われていた木製の設備が並び興味深い。

さらに街を歩けば、醤油まんじゅうに醤油ソフトクリームから、醤油の自動販売機まである。まさに醤油の街である。

たつのが醤油産地になったのは、鉄分の少ない揖保川の軟水、赤穂の塩、播州平野の小麦と原材料に恵まれたためだが、同じ原料を使った名産が他にもある。手延べそうめんだ。「揖保乃糸」というブランドは有名だが、これはたつのの市を中心とした生産社組合のもの。一つの会社が作っているわけではない。

こちらの歴史は醤油より古く、600年といわれる。そうめんは小麦を練って延ばせばいいというものではない。小麦粉と塩水を混ぜて練ったものに油を加えて熟成させることを何度も繰り返しながら延ばしていく。熟成回数は5回ほど。合計時間は24時間以上だ。その過程で小麦の成分が変化し弾力が生まれ、細くする時にはゴムのように弾力を持って延びるようになる。

上級なものほど麺は細くなり、あまり出回らない「三神」という最上級品の麺の太さは通常の3分の2以下。市内の店舗で食べてみた。口に入れた途端、今までのそうめんはなんだったのかと思うほどの別物感である。ぜひたつのでお試しを。

ちなみにこの市名の「たつの」、駅名の「竜野」、地域・城名の「龍野」と3種も入り混じるのは珍しく、ややこしい。

城下からはやや離れるが、そうめんの歴史は「**揖保乃糸資料館　そうめんの里**」で知ることができる。手延べの作業の実演も見られるが、手間のかかる職人技だということがよくわかる。

揖保乃糸資料館でのそうめんの手延べの作業の実演

もちろん館内には食事処も併設され、夏場は流しそうめんも味わえる。

龍野城下町は、城のある山と揖保川に挟まれた狭い地域だが、明治以降の発展からは少しづつ取り残されてきた。山陽本線の竜野駅ははるか南で、その後できた姫新線の本竜野駅も川向こうになり、大きな醤油工場なども今は本竜野駅周辺にある。

しかしそれが城下町の情緒を保つのに幸いした。城下の下川原商店街には延々と江戸情緒あふれる町家が並び、最近は古民家を生かした旅館やカフェ、レストランができている。城側には「武家屋敷資料館」などまた違った武家地の街並みが広がり、古い寺も数多い。

またかつての醤油醸造組合の建物をリニューアルした城跡下の大正ロマン館は、カフェや土産物店があって落ち着く。こうした街並みがほぼ歩いて回れるコンパクトさがいい。城下に泊まって早朝からの散歩がおすすめである。

復元された龍野城隅櫓

龍野城

1499年築城。いったん廃城となり1672年脇坂氏が再建。幕末まで支配。石垣のみ江戸期のもので、櫓や門が再建されている。

兵庫県
姫路市
姫路城

天守とは眺めるもの 姫路城ビューポイントめぐり

城の天守は何のためにあるのか？　姫路城などこれでもかという重武装だが、天守まで攻め寄せられてしまっては、城の命運は尽きている。天守の役割は、そうなる前にその巨大さや堅固さを敵や領民に見せつけ、威圧することにある。

城に詳しくない人は天守に殿様が住んでいると思っているが、実はそんな大名はいない。だから天守の外見は華麗だが、中は物置なので実に殺風景。

現代の我々も天守に登るより、じっくりいろんな場所から天守を眺めた方がいい。見せるために作ったものは、やはりきちんと鑑賞すべきなのである。

その点、世界遺産の姫路城大天守は実に眺めがいがある。構造が複雑なので眺める場所によって印象が全く違うからだ。ビューポイントを探すと自然と城下を歩き回ることになり、これまた楽しい。

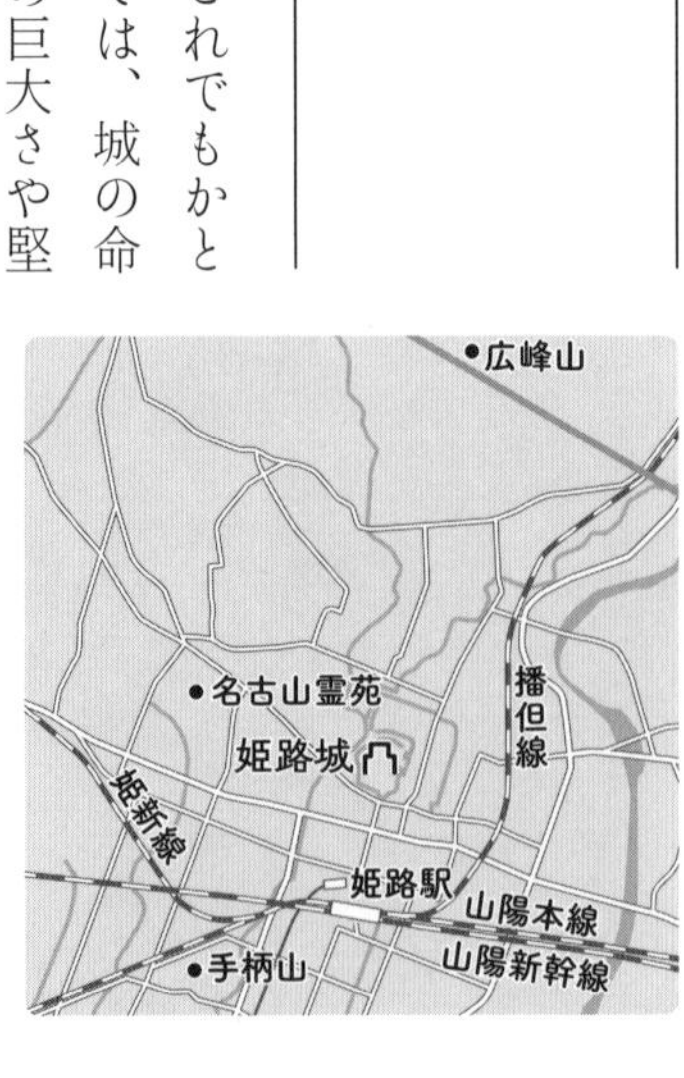

城見台公園、鯱越しの姫路城天守

まずは世界遺産登録を記念して姫路市が選んだ「世界遺産姫路城十景」をめぐろう。高台が多く、遠近を取り混ぜ様々な方角から城を鑑賞できる。

城南西の**手柄山中央公園**のロックガーデンあたりからは市街地越しに城の全貌が見えるのと、新幹線と絡めて写真が撮れる。ただ遠いので写真なら望遠レンズ、見るなら双眼鏡などがあると良い。

西の**名古山霊苑**には石のオブジェがあり、それに挟まれた天守が見える。大天守は西の間口が狭いので、スリムだ。近くの景福寺公園と男山配水池は天守に近く迫力があり、連立天守の複雑さがよくわかる。

城北側のシロトピア公園は天守に近い穴場。どっしりとした印象だ。公園内の**兵庫県立歴史博物館**の窓には天守が映り、特に夜は幻想的となる。

さらに博物館向かいの姫路市立美術館は旧陸軍の倉庫だったが、正門から見た屋根越しの天守は、対比の妙と天守東面の鋭い印象が面白い。

しかしこの十景は30年近く前に決められたもの。最近はもっといいポイントができている。

まず駅前のその名も**キャッスルビュー**。再開発でできた展望デッキだが、天守にまっすぐ続く大手前通りの正面で、駅に降り立った途端、城の街を印象付けられる好施設だ。また駅ホームから眺めると鉄骨と木の枠が額縁のよう。同時にできたお隣のピオレ姫路屋上にはガラスで囲まれた屋上庭園がある。ここは大手前通りを見下ろし、その先に天守が見える。

大手前公園向かいのイーグレひめじにも屋上展望台がある。こちらは城の目前で遮るものがなく、城の全貌が手に取るよう。最上階にはレストランがあり、じっくり城を眺めながらの食事は至福。夜景も素晴らしい。

さらに個人的オススメを4か所ほど。まず遠景では北の**広峰山の展望台**が素晴らしい。城の

兵庫県立歴史博物館の窓に映った姫路城天守

縄張り全体が一望できるとともに、姫路市街地も、海まで全て見渡せる。車で登り、さらに林間の遊歩道を10分ほど歩かなければならないが、苦労して行く甲斐はある。

面白いのは城東側の喜斎門跡あたり。堀に映る逆さ天守が見える。逆さ天守は城に隣接する姫路市立動物園内からも見られる。

姫路駅前の「キャッスルビュー」からの姫路城天守

そして動物園南の護国神社裏。園内の赤い橋越しに天守が見えるがサクラの時期にぜひ。お堀の水面ギリギリから写真を撮ると天守がサクラの花に取り囲まれ、市の観光ポスターにも使われている。

また城内だが、西の丸化粧櫓の窓から見た天守は、小天守や櫓、その前の門や塀とバランスよく重なって美しい。見落としがちなポイントなので心に留めておいてほしい。

こんなに覚えられない、という方も大丈夫、市内のタクシー会社が「十景めぐり」などと称してビューポイントを回ってくれる。1時間5000円ぐらいからなので、3、4人なら効率的だ。自力でという方にはレンタサイクルや、お城をめぐるループバスが便利だ。

姫路城

世界遺産。日本100名城。天守などが国宝。国特別史跡。1346年築城。現在の城は池田輝政が1601年から築いたものが基本。

兵庫県
赤穂市
赤穂城

日本の塩田技術完成の地 日本有数の上水道も

「赤穂」と聞けば「忠臣蔵」、だけでは実にもったいない。赤穂には全国に誇るべきものが多数あるのだ。

まずは塩である。日本は岩塩が産出しないため、古来より海水から塩を得る世界的には少数派の国だ。その方法は、何らかの方法で海水の塩分を濃くした鹹水（かんすい）を作り、それを火にかけて煮詰めて塩を作るというもの。

古代は海藻に海水をかけながら天日に当て、鹹水を作っていた。藻塩である。これは極めて効率が悪いので、中世になると海岸近くに砂を敷き、海水を撒いて天日に当てて砂に塩を付け、海水で戻して鹹水を作るようになる。塩田である。

さらに江戸時代。中世の塩田は海水を撒く労力が大変なので、干満の差が大きい地域で、潮の満ち引きを利用して広大な塩田に海水を導入する入浜式塩田が開発される。この発祥地が赤穂を含む播磨地方だった。

市立海洋科学館・塩の国に再現された塩田と塩を作る釜屋

江戸時代初期に赤穂藩主となった浅野長直（内匠頭長矩の祖父）は、姫路で発明された入浜式塩田を積極的に導入し大規模に塩田を造成。方法も改良し完成させる。この方法が瀬戸内一円に広まり、一大塩生産地となった。

赤穂では遠浅の海を利用して城を中心に西浜、東浜と塩田が造成され、西は上方向けの白い真塩、東浜は関東向けの差塩と分業し、最高級ブランドとしてもてはやされる。

戦後、ポンプを利用して海水をくみ上げ、竹の小枝にかけて濃くする流下式塩田ができると入浜式は一気に廃れ、さらに１９７０年代に電気を使ったイオン交換膜法という製塩法ができると、広大な塩田は姿を消した。入浜式では砂をかき上げる作業が重労働で、流下式も生産が天候に左右された。

西浜は工業団地になり、東浜は住宅地や公園に姿を変えた。その公園の一角に**市立海洋科学館・塩の国**があり、塩田が再現され、塩作り体験もできる。

体験時間は決まっているので事前に確認を。コーナーに行くと、机の上のコンロに250ccの鹹水が入った小さな土鍋が乗っている。濃度は18%。外にある流下式施設で赤穂の海水を濃くしたものだ。コンロに火をつけ煮詰めていく。

次第にぼこぼこと泡立ってくる。これを竹べラでかき回す。ザラザラの粒にしないためだ。白い塩が現れ始めると、小さな火山のようにブツブツと蒸気を吹き始める。今度はスプーンでこそぎ落としながら、粉のように仕上げる。30分ほどで約50グラムの塩が完成。天然にがり入りなので旨みがあり、つけ塩にいいという。塩はみな同じはずだが、塩味が濃い気がする。じんわり旨みも広がる。また月に2回は、茅葺の大きな釜屋で江戸時代さながらの釜焚き実演も見ることができる。

赤穂藩上水道跡の街頭展示

そして赤穂は神田上水、福山上水と並び称される日本三大上水の街である。塩田ができるような街では、井戸は掘っても塩水だった。このため浅野氏の前から整備が進められ、やはり浅野長直が城下の整備とともに完成させた。

郊外に取水口手掘りトンネルや導水路も残り、市街地にも遺構が多い。駅から城への通り沿いにいくつも残っている。赤穂では江戸でも木管が主の時代、水道管に備前焼の土管を多用していた。発掘された**土管を使ったモニュメント**が歩道わきにある。また配水用の大きな桝跡や地中の土管が見られる場所もある。大手門前には導水のサイフォンがあり、遺構跡に解説板がある。

忠臣蔵で、江戸での事件を知らせる使者が到着し飲んだという息継ぎ井戸のモニュメントがあるが、これも実際は上水道だった。大石内蔵助邸跡や城に続く道の途中なので、ぜひ注意して見てほしい。

赤穂城は藩の成立が一国一城令のあとなので、5万石にふさわしい城造りを特別に許可された新しい城である。太平の世にも関わらず総石垣で折れを多用した戦闘的な城で、浅野長直の築城だが、立派すぎて維持に苦労したという。

復元された赤穂城大手門と隅櫓

赤穂城 日本100名城。国史跡・名勝。1600年築城。築城時は海に面した海城。復元された門や櫓、庭園がある。

兵庫県
明石市
明石城

400年の歴史誇る鮮魚街 いち早いアピールで子午線の街に

「魚の棚」で「うおんたな」と読む。明石駅徒歩5分の**「魚の棚商店街」**は、店舗は１００軒ほどとさほど多くはないが、鮮魚を中心に明石独特の品々を揃えて活気があり、年末にはアーケードに大漁旗が並ぶことで有名だ。

その歴史は４００年前の城下町づくりに遡る。現在の商店街の場所は明石城外堀のすぐ外で大手門前、西国街道が走るという一等地だが、築城時から鮮魚を商う街と定められていた。さすが漁港の街、魚が街の一番の中心なのだ。「魚の棚」の名は魚を板に乗せて並べた様子を棚に見立てたというが、実は各地の鮮魚商街にあった名のようだ。残ったのが明石だけなのだそう。

明石の魚は「まえもん」と呼ばれる。淡路島との間の狭い海峡は潮流が早く、しかも海底地形は浅いところや極めて深いところがあり複雑。こうした環境に生きるタイ、タコ、ワカメなどは身が締まるのだという。アナゴやイカナゴといった特別な魚も揚がる関西では屈指の好漁

場だ。

ちょうどイカナゴの季節に商店街を歩くと、あちこちでいい感じに煮上がった釘煮が並び、威勢のいい呼び込みの声が響く。作ったばかりの釘煮はフワフワだ。ピチピチ跳ねるヒラメやうごめくナマコなどがそこここにある。朝獲れた魚がすぐ並ぶ明石独特のシステム「昼網」ならではの光景だ。こうした風景を見て歩くだけでも楽しい。

明石市の魚の棚商店街

名物の明石焼きや、「昼網」の魚介を提供する寿司店、料理店も多く、旅行者でもその味を楽しむことができる。その場で揚げた魚の練り物やタコを薄く潰したせんべいなど食べ歩きメニューにも事欠かない。

初めてで勝手がわからなけれ

ば、商店街中央の「魚の駅」で情報を仕入れるといい。また商店街には駅から歩行者デッキ直結で行けるのもいい。商店街もアーケードなので雨や車の危険がない。テーマパークさながらの商店街なのである。

明石といえば日本標準時子午線の通る街として有名である。明治政府は1886年、イギリス・グリニッジ天文台との時差9時間を日本の標準時と決めた。時差9時間となる経線は東経135度であり、これが明石市を通る。しかし135度線が通るのは明石市ばかりではない。他に11もの自治体があるが、なぜ明石市ばかり有名なのか。

その重要性にいち早く気づいた人たちが明石にいたからである。標準時決定後20年あまりして、当時の明石郡小学校長会の教員たちが資金を出し合い、「**子午線通過地識標**」を2か所立て、このうちの1つが現明石市の海岸近くに立てられた。これは現存し、山陽電鉄人丸前駅徒歩5分の大蔵交番前にある。これ以降も明石の人たちは子午線にこだわり、1928年には京都大

天文科学館最寄りの人丸前駅ホームに引かれた子午線

学のチームを呼んで正確な135度線を割り出し、先の識標を移転、新たに国道2号沿いなどに通過点の標識を立てる。

この時の標識が空襲で被害を受けたため、復旧した1951年に再度観測し、11メートルほど東に移動。この線上に1960年、市立天文科学館を開館した。こうして「明石＝子午線の街」というイメージが定着していったのだ。人丸前駅のホーム上にも子午線ラインが引かれ、国道2号沿いには「子午線郵便局」まである。

天文科学館には展望台があり、明石城や明石海峡大橋がよく見える。すぐ北側には歌聖といわれた柿本人麻呂を祀る柿本神社があり、その山を人丸山という。明石城内にあったものを築城時に移したが、城内には今も人丸塚がある。

国重文の三重櫓、巽櫓・坤櫓が並ぶ明石城

明石城は明石駅ホームから一望できる。長大な本丸石垣の両端に三重櫓が建ち、間を白い塀がつなぐ光景は独特で壮観だ。巨城と見えるが、実は西国街道から見える東西に細長い縄張りで南北はさほどの幅でもない。通行する大名たちに見せつけるための仕掛けなのだ。

明石城

日本100名城。二つの櫓は国重文。国史跡。1618年築城。17世紀半ばから越前松平家が城主。

奈良県
大和郡山市
大和郡山城

3階建て遊郭建築がかろうじて残る当時のままの佇まいが物悲しい

奈良県三大遊郭のうち2か所は大和郡山市内にあった。なぜ郡山に集まったのかはよくわからない。古くから栄えた城下町だったからだろうか。

市内洞泉寺町には、今や数少ない3階建て遊郭建築がかろうじて何軒か残る。そのうちの一つが、市が買い取って耐震補強し公開にこぎつけた「**町家物語館**」で、無料で一般公開されている。１９２４年築の遊郭当時の佇まいをほぼそのまま残した室内をくまなく見学できる全国的にも貴重な場所だ。周辺にはエステサロンや住宅になった遊郭建築も残る。

正面の、カメラで収めきれないほどの建物に連なる細格子に唸る。太い格子と細い格子を組み合わせた子持ち格子だが、階ごとに構成が異なる。玄関すぐ右に客引控室。奥に帳場がある。2階から上に3畳の客間が15も並ぶ。欄間部分に穴があき、いかにも遊郭風。客間がほぼそのままの形で残るのは極めて珍しい。

館内には「さよ子」「みゆき」など、恐らく本名と思われる名前の書かれた下足箱のような各自の食器入れや、「夕刻ヨリ朝マデ拾五圓」などと書かれた花代の料金表が残るが、なんだか物悲しい気分になる。

中庭を隔てて奥には、宴会を開く大広間や経営者が住む居間や茶室もあり、派手ではないが凝った作りにいちいち感心する。各階の明かりもわざわざ雰囲気のあるガス灯を用いていた。

市内のもう一つの遊郭地区は、なんと1989年に摘発されるまで売春街だった。その後ろめたさからか、保存という声はなかなか起こらない。数年前に訪れた時には、一面が細格子で覆われた2階建て、3階建ての遊郭建築がずらずらと並んでいた。格子は売春婦たちの逃亡を防ぐ意味もある。眺めていて背中あたりに不思議な感覚がした。

かつては遊郭だった「町家物語館」

復元された追手向櫓(左)と追手門

大和郡山城

続日本100名城。国史跡。1580年筒井順慶築城。その後豊臣秀長の大和支配の拠点として大拡張された。石仏などの転用石で有名。

奈良県
宇陀市
宇陀松山城

城下町から薬草の街へ 薬品メーカー多数が発祥

「薬の街」というと富山が思い浮かぶが、あそこは薬売りの街。では薬を作っていた街は？　この宇陀なのである。アステラス製薬、ロート製薬、ツムラ、「命の母」の笹岡薬品など、創業者はいずれも宇陀市、中でも薬種商が軒を並べていた大宇陀地区の出身者や縁者が多い。

宇陀の薬種産地としての歴史は古代に遡る。日本書紀にはこの周辺で薬草などを取った、との記録があり、その様子は街近くの「**かぎろひの丘万葉公園**」に絵で掲示してある。その後も周辺に薬草が多く、気候が栽培に適したため、薬の産地として知られるようになった。

江戸時代半ばには幕府の支援を得て薬草園が造られ、これは今も**森野旧薬園**として見学でき、国史跡である。創始した当主は江戸期に薬草図鑑を著し、貴重な資料ともなっている。薬園にはＮＨＫ連続ドラマで最近人気の牧野富太郎も視察に来た。今は葛粉販売をしている。

現在は市が江戸期からの薬問屋の邸宅を利用した歴史文化館「**薬の館**」を運営している。中

には江戸以来の薬種店の看板が並び、当時の商品名やデザインはなかなかおもしろい。

　大宇陀は織田信雄の子孫が治めていたが1695年に廃藩となり、以後は幕府の直轄領となった。薬種産地という重要性もあったのかもしれない。以後は商人の街として栄え、熊野や伊勢にも通ずる街道であった街には、今も江戸時代かと見紛うほど古い建築が残る。このため国の重要伝統的建造物群保存地区に指定されている。

　今はカフェやケーキ屋などもできているが、江戸時代創業の奈良漬店や古くからの薬局も残る。この奈良漬がまた絶品で、私は気に入っている。周囲に宿泊施設がないのが難点だが、1日あれば城跡も含めて回ることができる。車を近くの道の駅「**宇陀路大宇陀**」に停めて回ると良い。ここには足湯もある。

森野旧薬園がある森野吉野葛本舗

宇陀松山城本丸跡

宇陀松山城

続日本100名城。国史跡。南北朝時代築城、1615年廃城。廃城の様子が文書で残り発掘で検証できる貴重な城。本丸まで遊歩道。

和歌山県
和歌山市
和歌山城

孫市の街、盛り上げる動きも熊楠が守った和歌山城

雑賀孫一（孫市）の名は、多少戦国時代に関心を持つ方ならご存知だろう。傭兵の鉄砲隊を率い、織田信長に歯向かって苦しませた破天荒なヒーロー像が知られる。

その根拠地、雑賀とはどこか？　和歌山市なのである。なんとなくっても、意外に思われる方も多いかもしれない。和歌山市では毎年「孫市まつり」が開かれ盛り上がる。しかしこの雑賀衆や孫市には謎が多い。

和歌山市南部には古代からの名勝和歌の浦があって貿易港としても栄えたらしい。中世から戦国時代には、京都などに近く大勢力が生まれず、小土豪の自治的な支配が続いたようだ。

そして戦国末期に突如、大鉄砲傭兵隊雑賀衆が現れる。だがどこで鉄砲を作ったのか、輸入したのか謎である。さらに鉄砲を作ったり買ったりする経済的基盤がどこにあったのかもよくわからない。いずれにしろ信長や秀吉から危険視されて侵攻を受け、服属したり歯向かったり

を繰り返している。また雑賀孫一という人物は一人ではなく、またその名も後世に付けられたともいう。とにかく謎が多いが、ゆかりの地は多い。

孫一の本名、鈴木重秀の城といわれるのが、紀の川北部の中野城だ。田園地帯の畑の中に標柱が立つ。とても城があったとは思えない。中世の居館規模だったのだろう。

雑賀孫一こと鈴木孫一の供養塔

やや東に行くとやはり孫一の平井城跡。ここには、秀吉の朝鮮侵略時に朝鮮側に投降し戦った沙也可（さやか）の生誕地である、との解説板がある。同じ鉄砲隊で読みが近い。すぐ近くに孫一の墓といわれる供養塔の残る**蓮乗寺**もある。和歌山市駅近くには、信長と和睦した後に本願寺顕如が退去した鷺森別院があり、「孫市まつり」の会場はここだ。
ＪＲ和歌山駅東の来迎寺には、秀吉が雑賀を攻めた際に水攻めにした**太田城跡**の碑がある。少し離れて水攻めの土塁が残り、その高さに驚く。和歌の浦近くにも雑賀城や雑賀岬がある。謎が多いだけに推理する楽しみがある。現地で謎解きしてみては。

生誕地にある南方熊楠の像

雑賀衆が興るような危険を秘めた地域だっただけに、秀吉は弟の秀長を和歌山に入れ、徳川氏は御三家の紀州家をもうけた。和歌山城は壮大な城へと生まれ変わり、維新後もほぼその姿を残していたが、明治から大正にかけて堀を埋めてしまおうという動きがあった。それを阻んだのが、知の巨人と言われた南方熊楠（みなかたくまぐす）である。

熊楠というと熊野のイメージがあるが、和歌山市内の出身だ。お城の北、和歌山市駅近くの**生誕地に胸像**が立つ。父は金物商で、のち酒造会社を興す。この会社は「世界一統」の名で現在も続いており、生誕地にも近い。

熊楠は1914年、和歌山城の払い下げを受けた和歌山市が、和歌山城近隣の道路を平坦化して出た土で堀を埋め、その土地を売って工事費を捻出しようとする計画を知って中止に動く。知り合いの柳田國男に手紙を送って、旧藩主にこのことを伝えて反対に動かしてほしいと依頼している、柳田は当時、貴族院書記官長の重職にあった。さらに新聞等でも反対の意見を述べ、市議会議員だった弟からも議会で反対をさせている。

市民からも反対の声が起こり、この結果県知事の許可が下りず計画は中止となった。その後にも公園整備に伴って枡形の破壊や堀の埋め立てが計画されるが、やはり反対の声が起きて一部の埋め立てに計画が縮小されことなきを得ている。

熊楠の努力にも関わらず、のちに戦災で天守などが焼けてしまったのは残念だが、さすがにもう堀を埋めようという人はいない。自然保護の先覚者として名高い熊楠だが、史跡の保存にも先進的な意識があった。やはり巨人である。

和歌山市役所食堂から見た和歌山城

和歌山城

日本100名城。国史跡・名勝。重文建物も。1585年、豊臣秀長が築城。1619年に徳川頼宣が入城。焼けた天守は鉄筋コンクリートで復元。

Column 4

ジャンル別おすすめ城下町①

本書で選んだ100城下町に順位づけはありません。それぞれに違った良さを持っているからです。しかしさまざまな旅の関心ジャンルごとに、この城下町はポイントが高い、とおすすめできる場所はあります。お城自体についてはさまざまなランキングも出ているようですし、「城下町」の本なのでここでは触れません。

まず関心が高いと思われる食ですが、私の中では郷土料理の豊富な宇和島、魚が絶品な富山・高岡のポイントが高いです。金沢も良いのですが加賀料理店などは高級店が多いです。また福井のカニ、村上のサケも最高ですし、日本海側はおしなべてハズレがありません。八戸・明石・臼杵・柳川なども美味しい街です。

そして街並みでは、島原・宇陀・小浜あたりが、江戸時代の街並みを偲ぶという点では特級の街でしょう。江戸時代かと見紛います。近江八幡は堀割りの街並みに加えヴォーリズ建築というプラスがあり、弘前は建築の見本市会場のような街です。

祭りでは高山・犬山が絢爛豪華さの双璧で、勇壮さでは岸和田・唐津でしょうか。七尾も有名ではありませんがおすすめです。規模でいうと秋田の竿燈や山形の花笠なども挙げられますし、さいたま市（岩槻）の雛祭りもしとやかな華やかさがいいです。郡上八幡の郡上おどりや独特な徳島の阿波おどりも印象的ですが、鑑賞困難なのをなんとかしないと。両方とも宿泊が困難です。

第5章
中国・四国

66 鳥取市
鳥取城
67 松江市
松江城
68 津和野町
津和野城
69 岡山市
岡山城
70 津山市
津山城
71 高梁市
備中松山城
72 福山市
福山城
73 山口市
大内氏館跡・
高嶺城・山口城
74 萩市
萩城
75 岩国市
岩国城
76 徳島市
徳島城
77 高松市
高松城
78 丸亀市
丸亀城
79 松山市
松山城・湯築城
80 今治市
今治城
81 大洲市
大洲城
82 宇和島市
宇和島城
83 高知市
高知城
鳥取
島根
岡山
広島
山口
香川
徳島
愛媛
高知

鳥取県
鳥取市
鳥取城

「民芸」発信地だった鳥取 復元進む城に期待

「民芸品」「民芸調」などという言葉を当たり前のように使うが、これは今から100年ほど前、1925年に民芸運動を起こした柳宗悦らが「民衆的工芸」を略して作った新しい言葉だ。鳥取市はその民芸運動の先駆けとなって盛り上げた地である。それは鳥取市生まれの医師、吉田璋也によるところが大きい。吉田は1898年鳥取市生まれ。医学を学びながら柳宗悦・河井寛次郎・志賀直哉と親交を持ち、民芸運動に加わる。

1931年に故郷で医院を開業した吉田は、同時に「鳥取民藝會」を設立する。さらに翌年、民芸品を売る「たくみ工藝店」を開店。これは現存する民芸品店としては全国最古だ。翌年には東京にも支店を出し、これは今も「銀座たくみ」として現存、民芸運動の中心になっている。

戦後間もない1949年に「鳥取民藝館」を開設し、今は**鳥取民藝美術館**として運営されている。その後「用の美」を提唱する民芸運動の実践の場として、美術館、工藝店の並びに民芸

品の調度品や食器を使った「**たくみ割烹店**」を開店する。今でも中心街のランチ人気店だ。食事だけでなく店のインテリア自体も楽しめる。

吉田は市内の牛ノ戸焼を見出だし、人気ブランドに育てる。物によっては今や年単位待ちの人気だ。鳥取城の史跡指定、鳥取砂丘の天然記念物指定、仁風閣の重要文化財指定などにも奔走し、死後に鳥取市名誉市民となる。

吉田が史跡指定に関わった**鳥取城**では整備事業が進行中。丸い石垣として有名な天球丸巻石垣など見事な石垣群はほぼ整備され、2018年には大手登城路の擬宝珠橋が復元された。

現在、橋に続く中ノ御門を復元中で2025年には完成予定だ。将来は太鼓御門や御三階櫓の復元も計画中で実現が楽しみだ。

鳥取民藝美術館（中）とたくみ割烹店（右）

ユニークな形の鳥取城天球丸巻石垣

鳥取城

日本100名城。国史跡。1540年代前後築城。数々の攻防戦が行われ、特に1581年の豊臣秀吉による「渇え殺し」は有名。幕末藩主は池田家。

島根県
松江市
松江城

不昧公ゆかりの和菓子の街　堀川めぐりでゆっくり城下町観光

日本三大菓子処の街をご存知だろうか。「京都」「金沢」「松江」なのだそうだ。京都は和菓子の本場という感じがするし、金沢は加賀百万石の街だ。だが何で松江？　これにはきちんと根拠がある。人口当たりの和菓子店の数で、日本一が京都市。2位金沢市、3位松江市なのだ。

その理由は江戸時代に遡る。茶の湯を嗜まれる方なら松平不昧（ふまい）公の名はお聞きになったことがあると思う。松江藩の7代藩主松平治郷（はるさと）、江戸時代を代表する大名茶人である。治郷は「滅亡寸前」といわれた藩財政を、特産品の奨励や支出の切り詰めで見事に回復させた。藩主を40年近く務めた後、不昧と号し以後茶の湯三昧の暮らしに入る。

不昧は茶の湯好きで高価な茶器を買い集めたというだけでなく、近代的な精神でそれまで曖昧だった茶器の分類格付けを行い、「古今名物類聚」という書にまとめた。これは現代でいう名茶器データベースで、ここで格付けされた「大名物（おおめいぶつ）」「名物」「中興名物」などの分類が、今

松江歴史館での和菓子作り実演

も茶器評価のスタンダードとなっている。

そして茶の湯には茶菓が欠かせない。この茶菓にも松江で受け継がれた「不昧公好み」があり、幕末維新時に一旦途絶えたが、明治以降復興し受け継がれている。こうした経緯から、松江では和菓子店が多いのだ。

2018年は不昧公没後200年で様々なイベントが開かれ、市内の和菓子の名店7店が、不昧公にちなんだ創作和菓子、「不昧菓」を考案して販売するなどした。江戸期から受け継がれる茶菓、「山川」「若草」「菜種の里」は不昧公三大銘菓として、市内の多くの和菓子店で今も販売されている。

そして観光体験サービス「**おせわさん**」では、この和菓子作りを体験できる（要予約、有料）。私も江戸時代から続く和菓子店・一力堂で挑戦してみた。

必要な分量に丸められた色とりどりの餡が並び、竹べらなどを使って花のように仕上げていく。指で転がして小豆あんをくるむ。なかなか難しいが楽しい。網を使って餡を細かくし「やく」を表現する。だんだん花に見えてくるから不思議だ。

苦闘30分、我ながら見事な出来栄えだ。「初めてにしては上手です」と褒められてまんざらではないが、「職人はこれを1、2分で作ります」。がーん。

その職人技が見たいなら、お城前の**松江歴史館喫茶室**で、現代の名工が実演したものをその場で食べられる。体験してから見ると、惚れ惚れする手さばきに唸ってしまう。2、3回くるっくるっと回すだけで、餡が皮に包まれていくのだから魔法のようである。

松江城の周りをめぐる堀川遊覧船

松江城は周囲の湿地帯を埋め立てて城下町を造ったため掘割が発達している。この堀を運行する遊覧船、**堀川めぐり**が実に便利で楽しい。乗降できるのは城下町中心地と、松江歴史館のある松江城大手門前、小泉八雲記念館もある武家屋敷街・塩見縄手そばの3か所。それぞれ観光に便利な場所にだいたい15分間隔で発着する。

ぐるっと回ると50分ほどで、お城裏の自然豊かなエリア、お城そばの石垣が楽しめるエリア、中心街の街並みを楽しめるエリアと、風景が変わって面白い。さらに橋が低い場所では、船の屋根が電動で下がり、無理やり頭を低くさせられるのもなんだか楽しい。そして素晴らしいのが1日何回でも乗り降りできる点。船を使って観光スポットを行き来できるのだ。2人だけで独占できるカップル船や貸切船、夏には風鈴船、冬にはこたつ船もある。船頭さんの観光案内もいい調子だ。

天守北の塩見縄手には、松江を愛した小泉八雲、ラフカディオ・ハーンの旧居と記念館がある。通りの並びには、江戸時代から残る武家屋敷や出雲そばの名店があり、少し足を延ばすと、不昧公が建てた茶室明々庵があり、不昧公が好んだ茶菓もいただける。

松江城は2015年に国宝指定され、地元は盛り上がっている。望楼型の黒っぽい天守は他の国宝天守と比べ重厚感が半端ではない。内部の展示が国宝指定後一新され、広々とした内部がよくわかるようになった。

国宝松江城天守

松江城

日本100名城。天守は国宝。国史跡。1611年、堀尾吉晴が築城。1638年から越前松平家が幕末まで支配。

島根県
津和野町

津和野城

幕末の城下描いた画集と散策キリシタン悲話の現場も残る

津和野百景図という画集がある。江戸時代にこの地を治めていた亀井家の当主が、明治になって領地の様子を残しておこうと藩士だった絵師に描かせたものだ。

その名の通り城下を中心に百の情景が描かれている。江戸期の城絵図は多いが、城下の風景をこれだけ網羅的に描いたものは珍しい。幕末ごろの地方城下町の様子を知る資料として極めて重要だ。このため、津和野百景図が描いたその景色と文化が、文化庁の「日本遺産」となり、立派な**日本遺産センター**が駅近くにある。城下をめぐるなら、ここで「津和野百景」のパンフレットをもらってから行くといい。

歩いて驚くのは、今の景色とパンフレットで見る当時の姿とが、頭の中で違和感なく繋がることだ。そびえ立つ青野山や鷲原八幡宮の大杉などの自然が変わらないのはわかるとして、津和野には往時の風情がしっかり残っている。

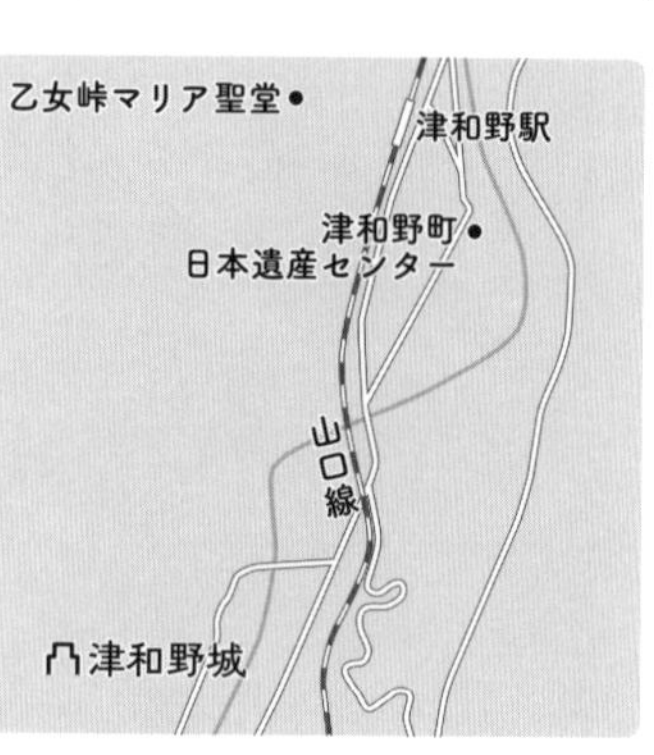

有名な奇祭、鷺舞などは今の絵と言われてもわからないだろう。津和野踊りなどの衣装も同様だ。城山での松茸採りや、川での鮎採りなど、当時の生活の様子が描かれているのも面白い。もちろん異なっている点も多い。しかし津和野では明治以来、この「津和野百景図」に描かれた風景を大事にしていこう、という気運があったという。だからこそ、古い街並みが保たれてきたのだ。

森鷗外や西周（にしあまね）など、津和野では明治の知の巨人が生まれてその生家も残っている。二人がこんな風景の中を歩いたのだ、と想像できる道もたどれるし、通った藩校の養老館も残っている。

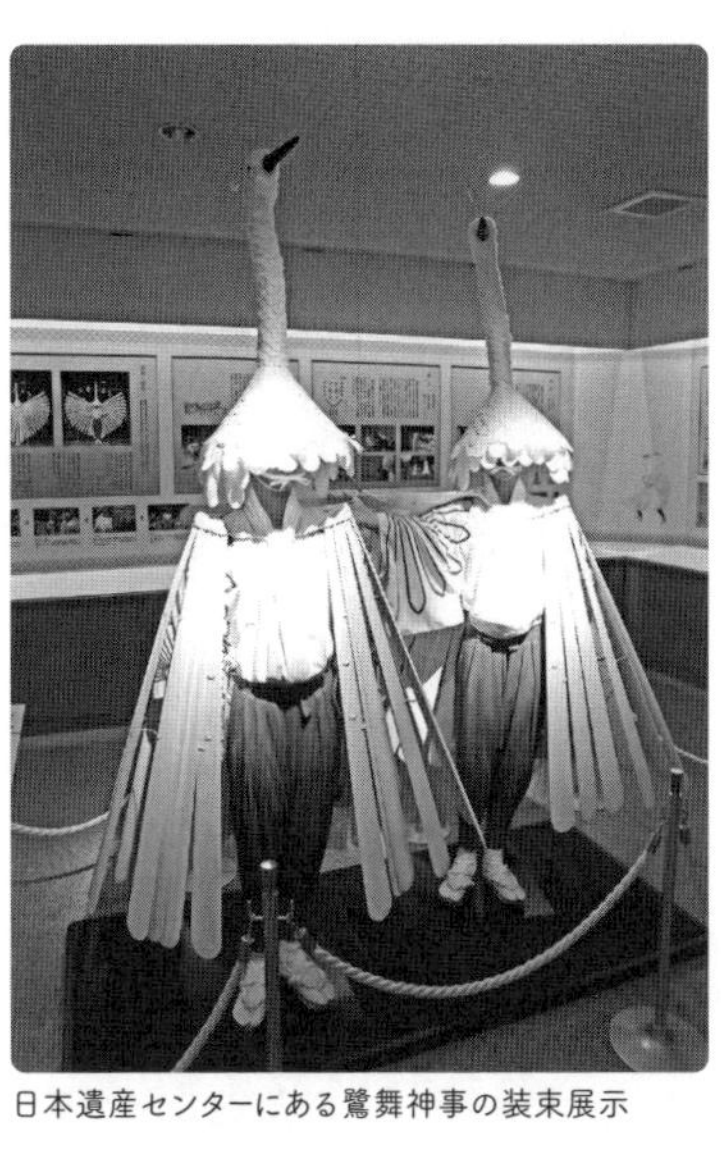

日本遺産センターにある鷺舞神事の装束展示

津和野といえばある種憧れの観光地となっているが、実は宿泊客は意外と少ないという。しかし、絵図を手に一帯を歩き回れるというのは面白い。じっくりゆったりめぐってみれば、過去と現在を行き来したような気分になる。

一方であまり知られていない負の歴史もある。幕末に日本が開国すると、長崎にやってきた宣教師に接触する隠れキリシタンが出てきた。長崎では、そこから信徒の存在が明るみに出て幕府による弾圧が始まる。いわゆる「浦上四番崩れ」である。

彼らの処分は維新後の明治政府に引き継がれたが、キリスト教禁止を維持したい新政府は信徒らを流罪とすることを決め、津和野にも153人の信徒が送り込まれた。城下町に近い寺院に収容された信徒は、3尺四方の木箱に閉じ込められて水責めされるなどの拷問を受け、37人が殉教した。

こうした処置に欧米諸国は激しく反発し、不平等条約解消のネックと見た政府は1873年

殉教した安太郎とマリアの像

（明治6年）にようやくキリスト教を解禁し、信徒らを解放した。

拷問があった寺院跡に今は**乙女峠マリア聖堂**が建ち、木枠に入れられ最初に殉教した安太郎と、その前に現れたというマリアの像がある。信徒らは日本でマリアが出現したのはここだけだと語り合っており、毎年「乙女峠まつり」が開かれる。また城下の津和野カトリック教会には「乙女峠展示室」があり、これらの歴史について詳しく知ることができる。

明治維新というと、旧態依然たる幕府を倒して近代的国家が打ち立てられたイメージが強いが、内実は権力のありかが移っただけで、頭の中は以前封建的なまま、という実態が意外と長く続いたのだ。いやまだ続いているかもしれない。

城下からその石垣が実によく見える**津和野城**は、行き着くのが厳しそうだが、実はリフトで登れる珍しい城だ。ほかには松山城ぐらいか。リフトに乗って眺める津和野の景色も最高である。

津和野城人質曲輪石垣

津和野城

日本100名城。国史跡。1295年築城。長く吉見氏の居城だったが、毛利氏と共に長門に去り、その後亀井氏の城に。山上の石垣が見事。

岡山県
岡山市
岡山城

反対押し切り残した川が財産に爽やかな夏の夜楽しめる西川

岡山市は暮らしやすい街だ。地震も気象災害も少なく、温暖で晴天率が高い。新幹線を使えば大阪はすぐで、岡山市自体が大都会だ。果物や魚介も豊富で言うことなしだ。

そして私は、市街を貫く**西川緑道公園**を中心部の好環境の目玉に挙げたい。

これは市街地の南北を貫く西川沿いの2・4キロを公園としたもの。江戸時代に造られた農業用水だが、20世紀に入ると生活排水が流れ込む汚濁した川になった。埋め立てて道路や駐車場にしようという声が高まる中、1963年に市長になったのが岡崎平夫（ひらお）だった。

岡崎は岡山市の水道局長から「緑と花　光と水」をスローガンに市長になった。高度成長、工業化真っ盛りの中、岡崎は両岸の自動車道を廃止して西川全体を公園化することを提案する。

住民は「車が通れなければ商売にならない」と反発し、協議の結果車道を1車線に減らした公園中心部が1976年に完成する。これが評判になり、反対していた南北の川沿い住民も、

西川緑道公園のライトアップ

手のひらを返して公園化を要望した。その結果1983年、4ヘクタールもの広さを持つ現在の緑道公園が出来上がる。

しかし残した車道の交通量が増えると川の両側が分断され、騒音対策の木が生い茂って「暗くて不安」といった声も出るようになる。

そこで市は2008年から公園の再整備を進める。照明を増設し休憩所をリニューアル。歩行者デッキを増やし、賑わいづくりに腐心する。市民も参加してライトアップ、歩行者天国、川沿いでのイベントなどを多数行うようになった。夏場は毎週川沿いに露店が出て、ライブイベントなどで大いに賑わう。中心街に賑やかな水辺があることで街が実に輝いている。岡山市民が羨ましい。

岡崎は1993年に亡くなるが、功績をたたえる碑が緑道の中心に立っている。

復元された岡山城天守

岡山城

日本100名城。国史跡、現存櫓が国重文。庭園の後楽園は国特別名勝。1350年前後築城。現在の城は宇喜多秀家が基礎を造る。江戸期は池田氏の居城。

岡山県
津山市
津山城

「酸素」「細胞」「大腸」、みな津山発 侮れないホルモンうどん

「酸素」「細胞」「大腸」「珈琲」。最後を読むのは難しいかもしれないが、子供でも知っている言葉。これら全て、実は津山藩が産み出した言葉だ。

幕末頃の津山は「洋学の里」と呼ばれるほど西洋の学問が盛んだった。その始まりは宇田川玄随（1756－1798）。代々江戸詰の漢方医の家に生まれたが、杉田玄白らと知り合い蘭学に目覚め、津山藩の洋学興隆の基を作る。

養子の玄真（1770－1835）は蘭学の大立者として名を上げ、ヨーロッパの最新医学書や百科事典の翻訳を手がける。佐藤信淵（のぶひろ）、緒方洪庵、箕作阮甫（みつくりげんぽ）ら多くの弟子を育てた。「大腸」「小腸」という訳語を作り、リンパ腺の「腺」や膵臓の「膵」という漢字を考案した。今は中国でも「腺」の字を使っている。

玄真の養子榕菴（ようあん）（1798－1846）は、医学のほか植物学や化学に関心を持ち、「元素」「酸

洋学資料館前に並ぶ津山ゆかりの学者たちの像

素」「炭素」「物質」「蒸気」「還元」など、現代でも化学の基礎となっている用語を考案している。また「細胞」「属」などの植物学用語も訳出した。

宇田川三代の影響で洋学に憧れた箕作阮甫（1799－1863）は、津山に生まれ、勉学に励んで江戸に出る。幕府の翻訳機関に入り、ペリーが持参した大統領国書の翻訳や、長崎に来たロシア使節プチャーチンとの交渉にあたる。さらに幕府の洋学の拠点、蕃書調所の教授として幕臣になり、弟子や子孫は日本の近代学問に重要な役割を果たす人物を輩出する。

阮甫の生家は、城下町の出雲街道沿いに保存公開されている。その隣には、この津山洋学の歩みを示す、**津山洋学資料館**がある。わかりやすく新しい展示で、鎖国下で必死に最新知識を学んだ日本人の業績を知ることができる。この基礎の上に明治維新があったのだ。

維新後も津山は多くの人材を出す。例えば福沢諭吉や森有礼が結成した明治初期の学術・言論組織「明六社」の初期会員10人には、津山出身者が3人も入っている。

津山藩は家康の次男結城秀康が祖先の親藩であり、殿様の意向で、江戸時代には学ぶことがはばかられた蘭学などを保護しやすかったともいう。明治初期には、津山の大抵の人がABCぐらいは口ずさめたとか、襖の下張りからオランダ語の文書が出てきたとか、学問の土壌が根付いていたようだ。

資料館周辺の出雲街道は江戸時代の雰囲気そのまま。低い軒の家屋が連なる。敵の侵入を防ぐカギ状街路も東西に残る。資料館入口のカフェはじめ寛ぐ場所もあり、そぞろ歩きして近代学問の先駆者達に思いを馳せたい。

しかし一般には、津山といえばB級グルメ、**ホルモン焼きうどんの地**として知られているだろう。市内では50店ほどで食べられる。さらに厳選した20店ほどを掲載したマップがあるので必携だ。城下町外れの薄汚れた（失礼！）店に入ってみたが、思わず声を上げるほど美味しい。

津山名物ホルモンうどん

全体が石垣で覆われた津山城。右上に備中櫓

しかも上質のホルモンがたっぷり。

実は「ホルモンうどん」の幟を掲げるには厳しい基準がある。一人前80グラム以上のミックスホルモンを入れる。これでさまざまな味と食感が味わえる。鉄板の上で、味噌か醤油で味付けし、価格は1000円未満。さらに観光案内もできること、などとされている。鉄板で調理するので、ホルモンの脂の旨みを逃さず麺に移せるのだ。

津山など美作国（みまさか）は古代から牛馬の産地で、江戸時代も養生喰いとして肉食の伝統があった。今もブランド牛産地として食肉処理場があり、特に短時間での内臓処理技術が自慢なのだそう。だから新鮮なホルモンで、美味しいというわけだ。

津山城

日本100名城。国史跡。1440年代築城。現在の城は森蘭丸の弟・森忠政による。復元備中櫓や全山を覆う石垣が見事。サクラと紅葉の名所。

岡山県
高梁市
備中松山城

小堀遠州の庭が残るゆかりの地 山城を歩けば内蔵助の石も

小堀遠州というと遠州流茶道の祖であり、作庭でもその名を轟かせている。徳川家康らに仕え、城郭などの建築担当奉行を務めることが多かったため、作庭も行うようになったのだろう。元々は武人である。

その遠州は一時、幕府直轄地だった備中松山を12年ほど支配していた。遠州が作庭した庭が城下の**頼久寺**に残っており、国の史跡に指定されている。

「鶴亀の庭」といわれ、巨石の立つ鶴島を中心に後ろに亀島、手前に白砂の海があり、左からサツキの刈り込みで表された大波が迫って、背後の山が借景となっている。私は晩秋の夕暮れに訪れたが、借景の山の紅葉が陽で輝き、園内の紅葉と相まってカラフルでダイナミックな印象を受けた。これがまたサツキの咲く季節には違って見えるのだろう。

頼久寺近くの石火矢町の**武家屋敷通り**には埴原（はいばら）家と折井家という武家屋敷が残る。決して立

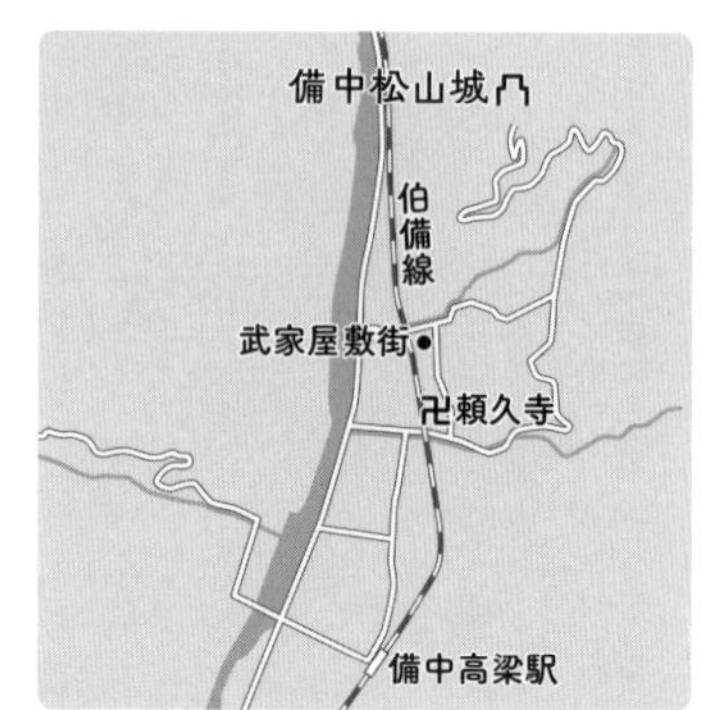

派な家ではない。いずれも100石から200石程度の中級武士の館で、板の間にゴザが敷いてあったりする。幕末ごろでも、大部分の武士の生活は質素で、畳などは多くの家で贅沢品だった。

そして備中松山城といえば最近は雲海の山城として有名だが、ポスターで見るように雲と城がうまく絡む日はそうない。

また城への道のりも大変だ。マイカーは山麓までしか入れず、その先は峠までバス輸送。峠から天守までは山道を20分ほどで、足の弱い方には難しい。だが、複雑に組まれた門の石垣などは壮観で、苦労して登った甲斐がある。

帰りは足に自信があれば麓まで歩いて下るのがいい。備中松山の藩主家が改易された際、城の受け取りに来た赤穂の大石内蔵助が座ったという石が途中にある。話のタネにどうぞ。

小堀遠州作といわれる頼久寺庭園

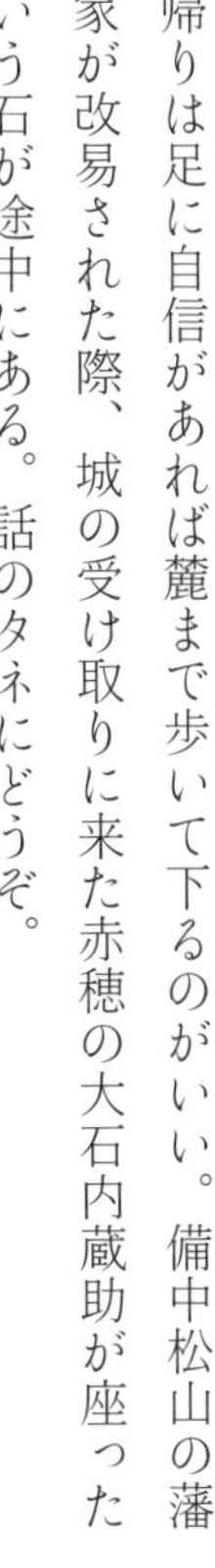

備中松山城

日本100名城。現存天守など国重文。国史跡。1240年築城。城主の入れ替わりが多かったが18世紀以降板倉氏。

現存天守で日本最高所（標高161m）の備中松山城天守

広島県
福山市
福山城

消えた中世都市の復元に驚く新幹線ホームは福山城展望台

広島県立歴史博物館は広島市にはない。福山城三の丸跡にある。それは幻の中世都市、東洋のポンペイとも称される**草戸千軒町遺跡**がこの福山市にあるからだ。１９８９年、この遺跡の出土品展示を目玉に開館した。

草戸千軒とは福山市街地のすぐ西、芦田川の中にあった鎌倉時代から室町時代まで３００年間存在した都市である。

現在の福山市街地は室町時代以前は海で、福山城も海に面した城だった。福山といえば鞆（とも）の浦が有名だが、国際貿易港の鞆に対し、備後国の産物を運び出す地方港として草戸は栄えた。だが芦田川の流路の変化で次第に港として機能しなくなり、ポンペイのように一瞬で埋もれたわけではないが、消えてしまったらしい。

再発見は昭和になって。河川改修で遺跡が見つかり、発掘の結果大規模な都市が川底から見

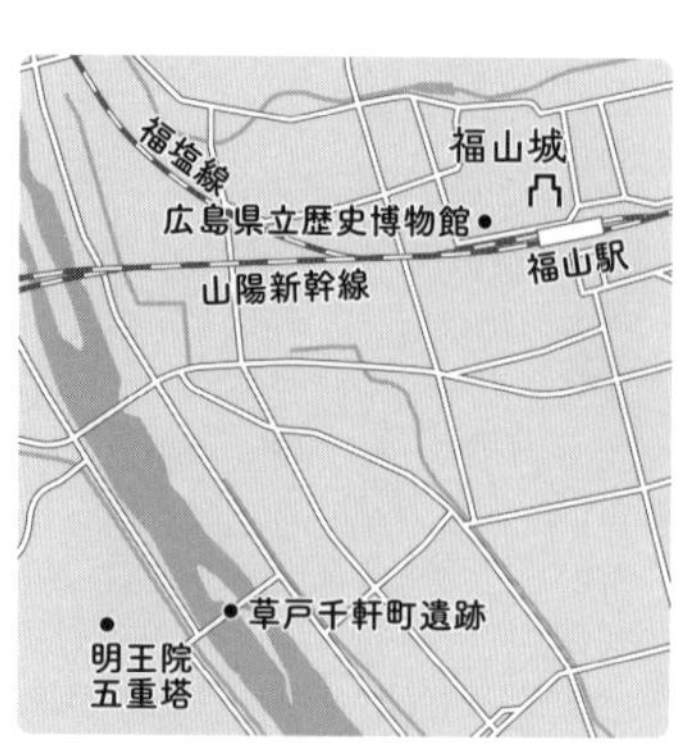

つかった。遺跡は工事で破壊されすでにないが、法音寺橋という橋の上に、遺跡の場所を示す看板が残る。橋の西には、草戸を見下ろしていた**明王院の国宝五重塔**と本堂がある。こちらは必見。

歴史博物館には、草戸の街を実物大で復元した街並みが作られ、家の中に入ることもできる。人間の姿だけがなく、今の今まで誰かが暮らしていたようで、中世に迷い込んだ感覚に陥る。街並みの周りには出土した生活用品が並ぶ。扇、下駄、しゃもじ、箸、ハケ、羽子板など現代日本にも通ずるおびただしい身近な品々は、その多くが重要文化財だ。どんな人が使っていたのだろう？

広島県立歴史博物館に復元された草戸千軒の街並み

福山城は新幹線ホームが最高の展望台だと思う。福山駅は城を貫く形で造られたため、かつての二の丸、本丸の長大な石垣のすぐ南が駅なのだ。国の重要文化財の伏見櫓や筋鉄門を同じ高さから見られる。

新幹線ホームから眺めた福山城

福山城

日本100名城。櫓や門の一部が国重文。1622年築城。幕府の西国抑えの拠点で、1710年から阿部氏が支配。2022年に復元天守の改修などが完成。

山口県

山口市

大内氏館跡・
高嶺城・山口城

知られざる中世都市と大内氏の栄華 国宝・温泉なんでもござれ

山口市というと幕末維新時の毛利氏の城下町、と思う方がほとんどだろうが、ここでは語り尽くされた幕末の話はしない。実は山口市は日本でも最古級の城下町で、室町時代初期から都市だった。室町時代から続く城下町といえば宇都宮・小田原・静岡（駿府）・鹿児島ぐらいだろう。しかも規模が全く違う。山口は室町時代の一時期、人口でいえば日本第2位の大都市で、応仁の乱で京都が荒廃した際にはもう少しで1位だった。全国に小京都は多数あるが、当時、山口は「西の京」と呼ばれていたほどだ。

その人口は6万人、8万人などという数字がある。明治以前にきちんとした人口統計はなくいずれも推計だが、京都が荒廃前で15万人、などといわれる。続く大都会は、博多・堺などで3万人という規模の時代だった。

なぜ山口市がこれほどに当時の大都会だったのか。それは西国の雄・大内氏の居城だったか

らである。

大内氏は室町時代初期の1358年に長門と周防の2国（現在の山口県全域）を制圧し、幕府の守護職も得て山口市に根拠地を移し本格的な発展を促す。中国の明王朝との貿易などで力をつけ、応仁の乱では戦局を一変させるなどの強大な軍事力を持ち、将軍を擁して上洛を果たしたり、時には将軍と対立して戦うなど勢力を誇った。

サビエル記念聖堂のザビエル（中左）と大内義隆（中右）

しかし戦国末期に重臣の陶晴賢（すえはるたか）の謀反に遭い当主の大内義隆が敗死。その後は毛利氏との争いに敗れて滅亡した。この間200年ほど、山口はその根拠地として栄華を誇った。

その勢力は最大時には石見（島根県の一部）・安芸・備後（広島県）・筑前・豊前（福岡県の一部）などに及び、大内義隆の官位は足利将軍を超える従二位にまでなる。

そんな山口には多くの有名人が訪れた。水墨画で有名な雪舟。彼は大内氏の支援で中国に渡って水墨画を学び、多くの国宝作品などを山口で描いた。市内の常栄寺には雪舟が作ったという国史跡の庭が残る。また草庵跡には復元された庵もある。

フランシスコ・ザビエル（山口ではサビエルと呼ばれる）は大内氏に布

教を許され、日本最初のキリスト教会を建てた。異説もあるが教会跡は**公園**となり記念碑が立つ。また壮大な塔が建つ**山口サビエル記念聖堂**が市内中心の丘に建ち、その事績の詳細がわかる。

著名な連歌師の宗祇(そうぎ)も山口に滞在した。10代将軍の足利義稙(よしたね)は京を追われて山口に至り、ここで大歓迎を受けて、さらに大内氏の軍勢と共に京に上洛して将軍職に復帰した。将軍を戴いて京に上洛したのは織田信長が最初ではないのだ。

この大内氏にかかわる遺構は、近年の発掘で次々と見つかっている。まず中心となる館跡は、現在**龍福寺**という寺院になっているが、その境内から四つもの**庭園跡**が発掘された。うち一つは大きな池があり美しく復元され、自由に見学できる。

その北の神社には大きな築山跡があり、多数の建物跡が出てきた。市内を望む**高嶺山**には、大内氏最晩期の城が**高嶺城**として築かれ、発掘されて遊歩道なども整備された。高い山上に石垣が連なる。この**大内氏館跡**と高嶺城がセットで、続日本100名城に選ばれている。

大内氏館跡の土塁と背後は高嶺城のある高嶺山

復元された龍福寺にある大内氏館の庭園

市街すぐの国宝・瑠璃光寺五重塔（2025年末まで修復工事中）も大内氏創建で、隣りの洞春寺山門・観音堂も重文で大内氏時代のもの。さらには大内氏創建の神社なども数多い。このように山口市内を見渡せば大内氏関連の旧跡だらけで幕末の名所が霞んでしまうが、もちろんその旧跡も数多くあり、ダブルで楽しめる。

龍福寺南には大内氏時代に開かれた大殿大路という一直線の道が残るが、古い街並みの中に古民家を活用したモダンなカフェなどもあって散策に格好だ。

そして山口市のいいところは湯田温泉という名湯が市街地に隣接してあること。温泉も楽しめる城下町は少ない。出身である中原中也の資料館などもあり、ぜひここに泊まって大内氏の栄華を思い浮かべてほしい。

大内氏館跡・高嶺城・山口城

続日本100名城。大内氏館は国史跡。14世紀半ば建設。高嶺城は1556年築城。市内には毛利氏が幕末に築いた山口城もある。

山口県
萩市
萩城

夏みかんが残した江戸の街 維新偉人の旧跡も

萩の城下町が、まるで江戸時代にタイムスリップしたかのように残っているのは、夏みかんのおかげだ。

今、夏みかん産地は熊本県や愛媛県などだが、これは1960年代から人気になった「甘夏みかん」が主。本来の夏みかんは山口県の特産、特に萩市がその中心地だった。原樹は江戸時代中頃にお隣り長門市の青海島で見つかり、初めユズの代用品として青いうちに絞って使われていた。ところが夏になると甘くなることに気がつき、幕末頃には「ナツダイダイ」として食用となる。

さて長州といえば倒幕の中心勢力で、萩も維新後大いに栄えたかというと正反対。実は幕末の時点で藩庁は山口に移っており萩はもぬけの殻だった。県庁も山口となり、産業もない萩は廃れた。困窮した旧士族は萩の乱を起こすがたちまち鎮圧され、萩は火が消えたようになる。

そこへ小幡高政という旧藩士が中央官僚を辞してやって来る。彼は旧士族の困窮を見て「ナ

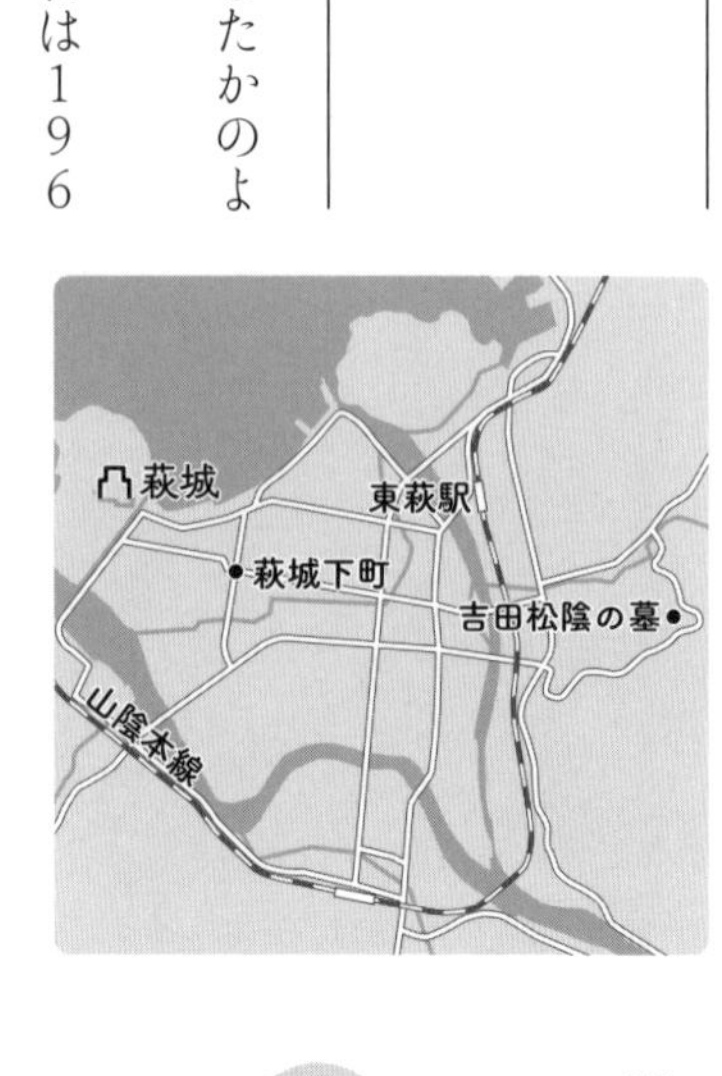

萩博物館に実る夏みかん

ツダイダイ」の商業化を思いつく。１８７６年にまず自宅の庭に植え、主がいなくなったり、広大な敷地が不要になった武家屋敷跡を利用して栽培地を広げていった。風よけとなるため屋敷跡周囲の土塀は残され、今も武家町の風情がよく残ることとなる。

夏みかんは関西などで「夏に食べられるみかん」として評判になり、栽培や売上が急速に拡大する。明治後期から昭和にかけて１万トン前後の夏みかんが生産された。皇太子時代に訪れた昭和天皇が「この街は香水をまいているのか」と聞いたほど、街に夏みかんが溢れた。

旧小幡邸はその後田中義一邸となり、今は文化財として公開されている。庭に小幡自身による「橙園之記」の碑が立つ。みかんが萩を救ったことを誇らしげに記している。隣接地には柑橘類400本近くが植えられた「かんきつ公園」もできた。5月ごろ、昭和天皇も感じた甘い香りに包まれる。周囲は平安古重要伝統的建造物群保存地区で、道が曲がりくねった鍵曲もある。

今、人気は甘夏に移り、夏みかん栽培はかなり減っている。しかし街を散策すると夏みかんの木も多く目にする。**萩博物館**のカフェには「夏みかんソフト」があった。甘いバニラに甘酸っぱい夏みかんソースが合い、人気だそうだ。

山口に藩庁が移ったとはいえ、有名な幕末の志士のほとんどは萩で生まれ育った。開発から取り残されたおかげで多くの邸宅が残っている。木戸孝允旧居、高杉晋作生誕地などがある江戸屋横町、伊勢屋横町、菊屋横町の一角は散策から外せない。この狭い一角でこれだけ多くの偉人が育ったことに驚く。

松陰神社の一角も必須だろう。こちらは城からかなり離れた東萩駅方面だ。**松下村塾**はもちろん、お勧めはその奥。**吉田松陰の墓**と生誕地がある。かなり高台で登りがきついが、城下町

現存する吉田松陰の松下村塾

と城が一望できる。途中、伊藤博文旧宅や東京にあった別邸、玉木文之進旧宅などもある。萩城下町が古い姿のまま残ったのには、みかん以外にも理由がある。

古くからの山陰道は島根の益田、津和野から山口を通るラインで、萩は主要幹線上ではなかった。明治に入っても鉄道を造る際、まず山口線が1913年に全通し、山陰線が萩に来たのは1925年。益田と繋がり京都まで完成したのはなんと1933年だった。

その鉄道も城下町を避けて通った。萩は阿武川が造る三角州上の街だが、川は最後に二股に分かれ、城下はその間にある。城下に駅を造ると川を渡る鉄橋が二つ必要だ。とにかく経費節減の明治政府は、分かれる前の上流に鉄橋1本を造り、萩駅は城下から遥か彼方にできた。

また市役所などの公共施設は、江戸時代は湿地帯で広大な敷地が残っていた三角州南側に造られ、武家屋敷地域は開発の手から逃れることとなった。

様々な経緯を知ると、古い街並みもますます貴重に見える。

萩城天守台

萩城

日本100名城。国史跡。1604年築城。関ヶ原で敗れた毛利氏が大減封の結果広島から移った。ほぼ石垣のみ残る。

山口県
岩国市
岩国城

たゆみない保守で維持された錦帯橋 戦後の新しい景観もまたよし

岩国といえば**錦帯橋**である。日本全国唯一無二の名橋として知られる。全長193メートル、幅5メートル。橋台の高さは6・6メートルあり、橋板の最も高い部分は10メートル以上もある。5連の橋で構成され、中央三つのアーチ橋は35メートルの径間を一気に渡す。

あまりの美しさ、インパクトの強さのせいか、細かな事実があまり知られていないように思う。例えば錦帯橋を木造と思っている方は多いと思うがそうではない。橋を下から眺めればわかるが、木組みを要所要所で鋼で締めている。これは江戸時代から変わらない。

また「釘を一本も使っていない」などという人がいるが、ウソ。主要構造部にはないが、これも当初から和釘を使っている。「木組みを一本抜くと全部崩れる」などというのも伝説に過ぎない。

しかしなぜこんな橋を造ったのか。**岩国城**は錦帯橋の背景となる200メートルもの高さの

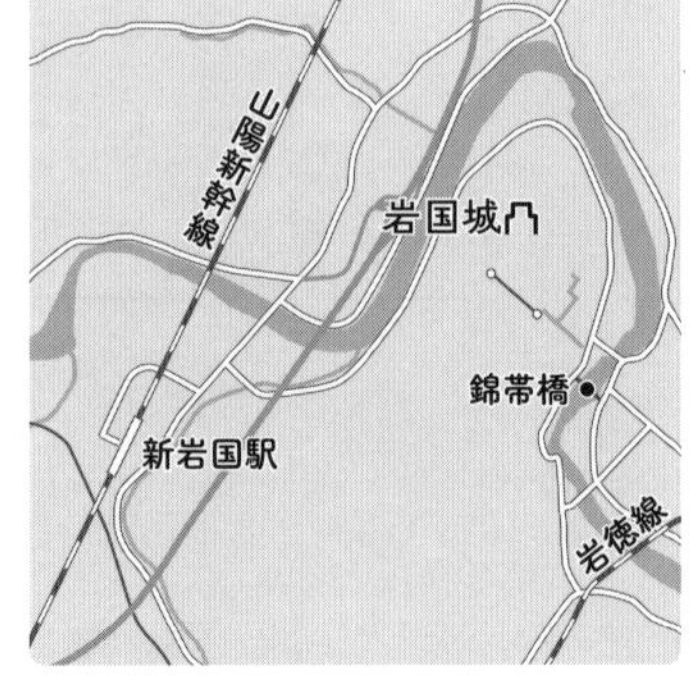

第5章・中国・四国

錦帯橋から見上げた岩国城復元天守

山上にある。狭い麓には藩主や重臣の屋敷があり、その他の家臣や町人の街は、錦川を渡った海側にあった。この間を通行する橋が必要だったわけだが、急流である錦川の氾濫で、橋は何度も流された。

ここで登場するのが三代藩主の吉川広嘉。この人は病弱で京都で療養することが多く、そこで学問に出会い人脈も広げた。藩主となって度々流される橋に悩んでいたところ、中国から亡命していた僧の独立性易に、故郷の杭州・西湖には、島伝いにいくつも橋を架けて渡る堤があると聞き、川中に堅固な橋台を置いて渡る橋を思いつく。

この構想で１６７３年に橋を架けるがあえなく洪水で流される。改良を加えた橋を翌年に架け、これは以後２７６年間洪水で流されることはなくなった。最初の架橋後も改良は続き、現在のような形になったのは約１００年後だ。

橋の名は、発想の元となった杭州・西湖の橋にちなんでつけられたともいわれる。二つの橋は姉妹橋となっており、双方に記念碑がある。岩国には橋を渡った吉香公園内、名君広嘉公像の後ろに立つ。

実は錦帯橋は頻繁に架け替えをしている。洪水では流されなくとも風雨にさらされる木は劣化する。中央のアーチは江戸時代にはほぼ20年間隔で取り替えられ、多い部分で16回も架け替えられている。そのための積立金や用材の植林なども行われていたが、明治以降は手入れが滞り、戦前は特に放置状態となった。

このため1950年の台風でついに橋台が崩壊、流されてしまった。直前に、米軍が岩国基地拡張のため橋近くの砂利を取りすぎたのが原因という説もある。錦帯橋はアーチに目が行きがちだが重要なのは橋台。よく見ると川底一面に巨石が敷かれ、激しい流れにも耐えるように造られている。

しかし街のシンボルである橋再建の動きは早く、1953年には復旧工事が完成する。そして2004年には50年ぶりとなる架け替えが、江戸時代の橋をより忠実に復元する形で行われる。本来この程度の耐用年数はあるのだが、江戸期は技術の伝承のためにあえて頻繁に架け替えたという。架けっぱなしではない。橋を残そうというたゆみない心がけがあってこその名橋なのだ。

鋼の金具で補強されている錦帯橋の裏側

錦帯橋と背後の岩国城天守

橋の袂からは、背景の山の上に岩国城が見える。素晴らしい景観だが、実は江戸時代にはこの景色はなかった。江戸期の天守は、城の西側にある山陽道を通る人々を威圧するためもっと北にあり、橋からは見えなかった。現在の天守は1962年に少し場所を移し、橋から見えるように建設された。

今はロープウェイで楽々、山頂に着ける。天守からの錦帯橋や城下の眺めも素晴らしい、今はその名も「岩国錦帯橋空港」となった空港を飛び立つ飛行機まで見える。天守内には橋についての展示も豊富だ。

岩国城

日本100名城。1601年築城。山上の天守は一国一城令で1615年に早くも破却され以後は麓の屋敷のみだった。発掘天守台遺構が残る。

徳島県
徳島市
徳島城

心地よいひょうたん島クルーズ

日本三大暴れ川は坂東太郎（利根川）、筑紫二郎（筑後川）、四国三郎（吉野川）だ。吉野川は上流域に四国山地の多雨地帯を持ち、雨が降ると一気に水量が増す。阿波で雨が降っていないのに洪水になることがあり、古くから「阿保水」と呼んで警戒した。

江戸時代以前の吉野川は徳島平野の北側を通り紀伊水道に注いでいた。しかし江戸時代、徳島城の北側の堀とするためと、城下と上流の水運の便を良くするために掘った流れに予想以上に流れが移り、今の吉野川が本流になってしまった。

徳島城下はこのような暴れ川の中にあり、実は水都である。城は、地図で見ると新町川、助任川などの川に囲まれた島だ。江戸時代にはさらに真ん中に寺島川という川があったが、今は徳島駅を通るJR高徳線や牟岐線の線路となっている。この島の形をひょうたんと見て、城の周りを一周する**「ひょうたん島クルーズ」**が運行されている。

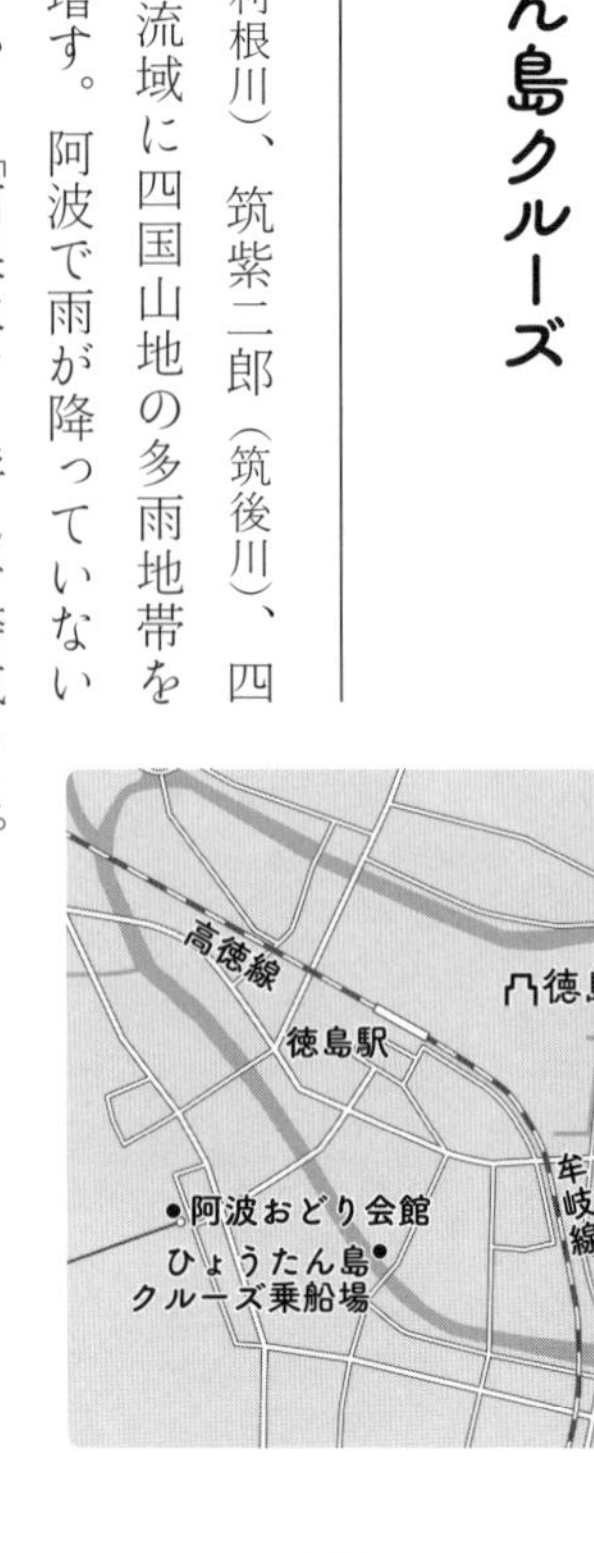

お城の堀をめぐる船下りは他にもあるが、ここでは革張りシートの座席に動力付きという小型豪華船でめぐるにも関わらず、料金はたった400円。これは運行を「新町川を守る会」という市民団体が行い、船長さんらはほぼボランティア、船体も市内の企業の寄付等で賄われているからだ。守る会は中心街の新町川の浄化活動を行っているが、こうした団体が観光事業を行っているのは珍しい。

中心街の両国橋北詰で乗船し、一周6キロ、30分程度の旅。賑やかな市街地から、お城の裏に回ると豊かな木々が目に入ってくる。護岸は特産の青石で彩られ美しい。途中の橋の人柱伝説の解説や、行き交う立ち漕ぎボードの人たちと手を振り合うのも楽しい。動力船なので風を切って進むのが心地よい。こんな城下町めぐりもおつである。

ひょうたん島クルーズで眺める徳島城跡

徳島城

日本100名城。国史跡。庭園は国名勝。1585年築城。

豪壮な石組の徳島城藩主庭園

香川県
高松市
高松城

舟に乗って殿様気分満喫 お堀のタイと戯れ、借景に酔う

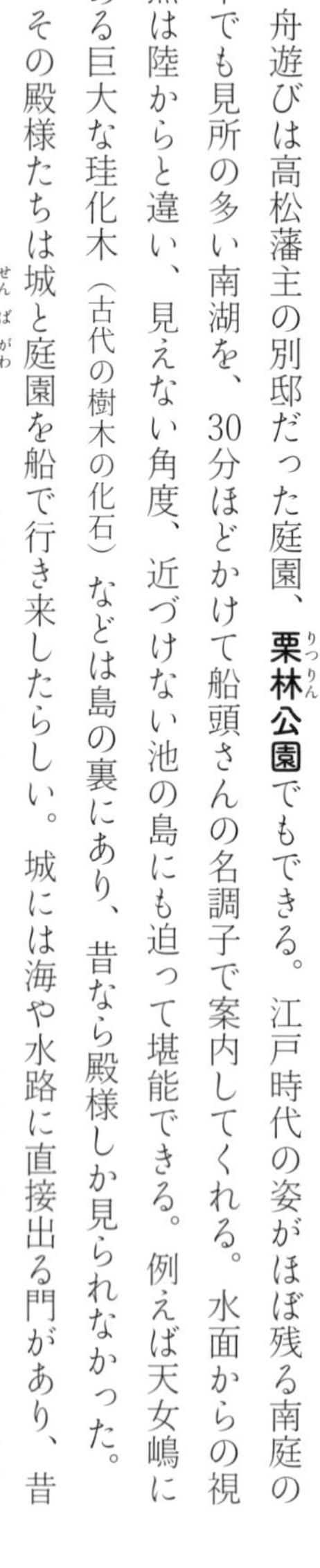

高松では舟遊びがいい。

まずは高松城。この城は海に面した城で堀の水は海水。堀を遊覧する船に乗ると餌を渡されるが、それを撒くとタイの大群がバシャバシャと音を立てて群がってくる。怖いぐらいだ。船頭さんは「国の史跡の中なもんで、釣ったらいかんのです」という。それで安心しきって寄ってくるのか。

舟遊びは高松藩主の別邸だった庭園、**栗林（りつりん）公園**でもできる。江戸時代の姿がほぼ残る南庭の中でも見所の多い南湖を、30分ほどかけて船頭さんの名調子で案内してくれる。水面からの視点は陸からと違い、見えない角度、近づけない池の島にも迫って堪能できる。例えば天女嶋にある巨大な珪化木（古代の樹木の化石）などは島の裏にあり、昔なら殿様しか見られなかった。

その殿様たちは城と庭園を船で行き来したらしい。城には海や水路に直接出る門があり、昔は城と庭園を結ぶ杣場川（せんばがわ）という水路があった。今はこの間はバスや電車で行くしかないが、両

方の船に乗って殿様気分を味わおう。

栗林公園は必見である。日本三名園に栗林公園は入っていないが、私は間違いなく日本一の大名庭園であると思う。広さは偕楽園、兼六園、後楽園のいずれをも凌駕している上、池の造形、樹木の配置、種類、庭石の見事さ、いずれもここにかなう大名庭園はない。

特筆すべきは江戸期から残る建物の掬月亭（きくげつてい）と借景の紫雲山だ。池に突き出した掬月亭の開放感とユニークさは比較するものがない。

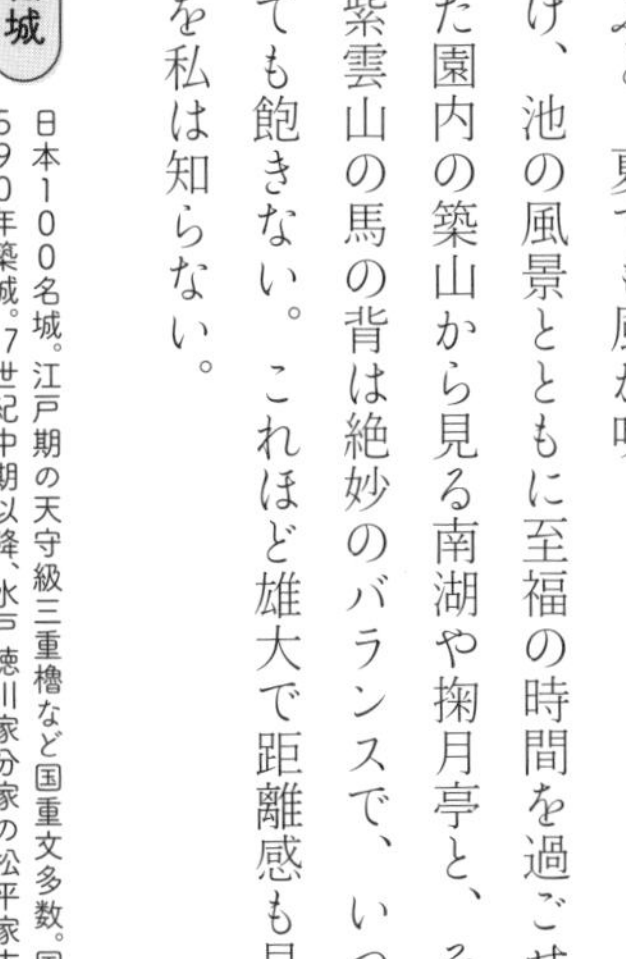

栗林公園の見事な景観。中程が掬月亭

三方に開けた広間の畳に寝転ぶと、夏でも風が吹き抜け、池の風景とともに至福の時間を過ごせる。

また園内の築山から見る南湖や掬月亭と、その後ろの紫雲山の馬の背は絶妙のバランスで、いつまで眺めても飽きない。これほど雄大で距離感も見事な借景を私は知らない。

かつては海に面していた水手門と天守級の月見櫓

高松城

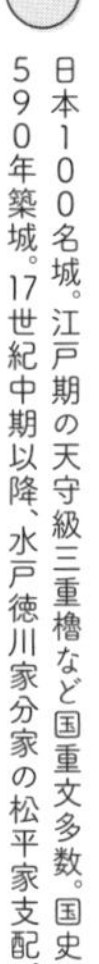

日本100名城。江戸期の天守級三重櫓など国重文多数。国史跡。1590年築城。17世紀中期以降、水戸徳川家分家の松平家支配。

香川県

丸亀市

丸亀城

全国からの寄進揃うこんぴら街道 ゆかりのうちわ製作体験も

丸亀の港、こんぴら街道の出発点には大きな**青銅製灯籠**が立っている。高さは5メートル余り。八角形の傘の上にある龍の口からは、水流のようなほとばしりがクルリと渦を巻き実に優美だ。大きな石の台座には深々と「江戸講中」と彫られる。

江戸？　四国の灯籠になぜ江戸の講中、信者寄進と彫られているのか？

江戸時代の1832年に、灯籠の前に新堀湛甫（しんぼりたんぼ）という新しい船溜りが造られる。以前の船溜まりは金刀比羅詣による客の増加で手狭となり、藩主がより大きな船溜りを造ったのだ。

新しい港のシンボル・安全のための常夜灯として1838年、今度は商人たちが発起人となって江戸に出向き、1300人以上もの寄進を集めてこの見事な灯籠を作る。最高額は立身出世で有名な本所の塩原太助で80両。このため灯籠は太助灯籠と呼ばれ、ひときわ大きな字でその名が彫られている。

金毘羅大権現は古くから海上守護神とされており、江戸時代後期から伊勢参りに次いで人気となる。現在は丸亀市となっている沖合の塩飽諸島の海賊たちが、江戸時代に入り海運業者となって全国にその信仰を広めたのだという。

藩主の京極家も保護し、現在の東京・虎ノ門にあった屋敷に1679年に金刀比羅宮の分社を移す。しばらくするとこれが江戸っ子の評判となり、塀越しに賽銭などを投げ入れる者が続出。その額が馬鹿にならず、縁日には門を開けて町人を参拝させるようになった。藩邸は消えたが金刀比羅宮は今も残り、やはり町人寄進の見事な銅製鳥居が立つ。

丸亀港に立つ青銅製の通称「太助灯籠」

参拝者が歩いたこんぴら街道は整備され、今も迷わず歩くことができる。道々に古くからの常夜灯などが残るが、その寄進者に驚く。太助灯籠近くの玉積神社前の灯籠は１８４７年のもので寄進者は江戸・京橋の大久保さん。太助灯籠の奥、金毘羅舟や往時の城下の絵が置かれるみなと公園の灯籠は１７８８年に岡山の古着屋たちが寄進したとある。

こんぴら街道は南に続き商店街を抜けていく。脇に入った三寶稲生神社の鳥居は阿波（徳島県）の藍商人の寄進。さらに進んで寿覚院山門前の灯籠は元は港にあったものだが、１７９６年、大阪の信者の寄進だ。道標も立ち、指型で方向を示しているのが面白い。

街道の路面には石畳で造られた線が続き、金刀比羅宮に続くことを示している。これに沿って歩くと、様々な道標を見やりつつ大きな中府の鳥居に行き着く。

これは１８７２年と明治になってからのものだが、寄進者には大阪・堺、山口・下関と並んで、なんと青森・野辺地の名が刻まれる。海運を通じ、いかに金刀比羅信仰が広がっていたかがわかる。小さな街の街道歩きから全国が見渡せる。

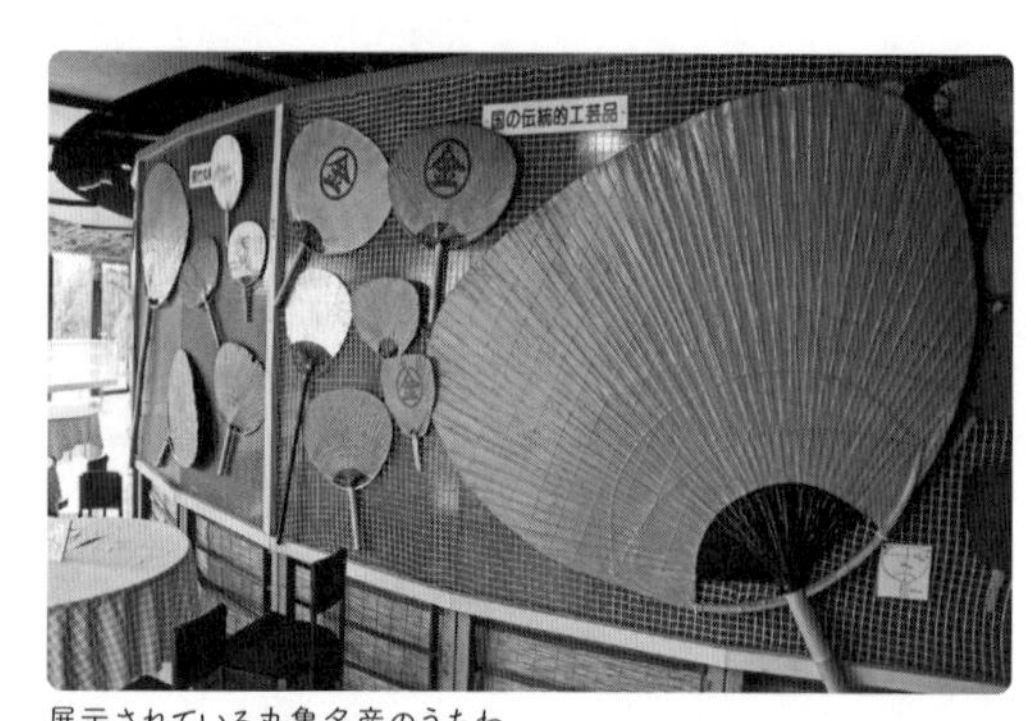

展示されている丸亀名産のうちわ

この金刀比羅詣でをPRするために江戸時代初期にデザインされたのが、有名な「金」の字入りのうちわだ。藩士の内職として広まり、さらに大正時代の技術革新もあって、今や全国のうちわ生産の9割が丸亀で行われるまでになった。

城下からやや西の海沿いにある旧藩主家庭園・中津万象園内に「**丸亀うちわミュージアム**」がある。ここではうちわ作りの歴史が学べるとともに、その実演、製作体験ができる。熟練の職人の手さばきには飽きずに見入ってしまう。

丸亀城天守と大手二の門（手前）

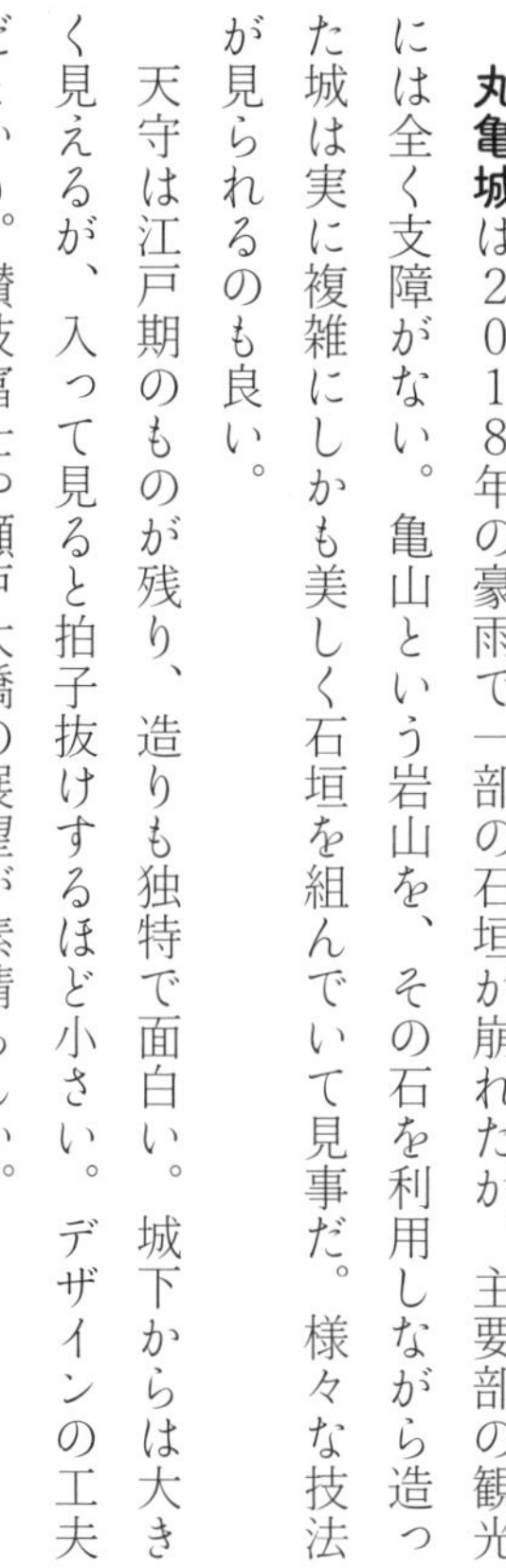

丸亀城は２０１８年の豪雨で一部の石垣が崩れたが、主要部の観光には全く支障がない。亀山という岩山を、その石を利用しながら造った城は実に複雑にしかも美しく石垣を組んでいて見事だ。様々な技法が見られるのも良い。

天守は江戸期のものが残り、造りも独特で面白い。城下からは大きく見えるが、入って見ると拍子抜けするほど小さい。デザインの工夫だという。讃岐富士や瀬戸大橋の展望が素晴らしい。

日本１００名城。天守や門が国重文。国史跡。室町時代初期築城。現在の城は江戸初期に生駒氏が基礎を築き、山崎氏が拡張、京極氏が完成させた。

愛媛県
松山市
松山城・湯築城

名町長の活躍で残った城と温泉「坂の上」の街で子規を知る

松山といえば**松山城**と道後温泉が2大観光地だが、このいずれもが、一人の男の、命を賭け妻の死を乗り越えた活躍で今に残る。

伊佐庭如矢(いさにわゆきや)という。松山藩士で幕末には私塾を営み多くの門弟がいたが、明治維新時すでに40歳で息子に家督を譲っていた。

維新後は県の下役人の時に廃城令を知る。松山人の心の拠り所である城の破壊を惜しんだ伊佐庭は、県令を説得して城の公園化を提案する。地元経済人に費用を出させ、1874年に聚楽園として開園した。当時は全国の城郭でも甚だ稀有なことで、おかげで我々は、松山城本丸の21棟もの重要文化財城郭群を見ることができる。

伊佐庭はその後内務省に勤務し、のち讃岐の金刀比羅宮の禰宜となる。そこへ郷里の有力者たちが訪れ、道後湯之町の町長就任を懇願される。道後温泉は聖徳太子も入った古湯だが、建

修復工事以前の道後温泉本館

物が老朽化し、海運の発達で増えてきた湯治客をさばくには小さすぎた。その改築を伊佐庭の手腕で実現してほしいというのだ。

１８９０年、62歳で伊佐庭は町長となり道後温泉改築に取り組む。その際、当時の年間温泉収入が２００円程度の中、13万５０００円という巨費をかけ、新しい温泉建物を建設することを提案する。「１００年先まで真似のできない建物を」との将来を見据えた計画だったが、額の大きさや温泉に手を加えること自体への反発から騒動になり、竹槍や刃物を持って威嚇する人間まで現れた。また伊佐庭が改築に没頭する中、その身を案ずる心労からか妻が没する。

こうした困難を乗り越え、理詰めの説得で事業は動き出し、建物は１８９４年に完成する。これはたちまち大変な評判を呼び、翌年松山に赴任してきた夏目漱石も絶賛する。本館３階には漱石が利用した「坊ちゃんの間」がある。

伊佐庭は間髪入れず高級客用の霊の湯、皇室用の又新殿の建設に着手し、1899年に完成させる。これで現在の**道後温泉本館**の基礎ができ、今や建物は重要文化財に指定されている。以来120年以上が経ったが、道後温泉本館に敵う温泉建築は全国どこにもないだろう。

まだまだ伊佐庭の活躍は続く。豪壮な建物ができても客が来られなければ話にならない。伊佐庭は松山市街や港と道後を結ぶ鉄道建設を発案し、温泉完成の翌年に実現した。そして温泉に入ったあとは散歩でもしたい。現在の道後公園を整備したのも伊佐庭である。室町時代に作られ、長く道後温泉のシンボルだった石造湯釜が、今は公園内に置かれている。この道後公園は**湯築城**という中世の城跡で、城を囲む二重の堀も残る。

伊佐庭は1902年に町長を勇退し1907年に80歳で亡くなった。温泉本館裏に**胸像**があり、道後公園内に顕彰碑がある。墓はやや北の鷺谷墓地で、秋山好古もここに眠る。

道後温泉本館は2024年末まで修復工事中で、それまでは本館の休憩室が使えないが、今

道後温泉本館裏に立つ伊佐庭如矢の像

は飛鳥乃湯泉、椿の湯、空の散歩道（足湯）など本館以外の温泉施設も充実している。

　そして近年は松山といえば「坂の上の雲」である。2007年に「**坂の上の雲ミュージアム**」が開館したが、周辺には主人公の秋山兄弟、正岡子規ゆかりの地が数多い。3人が学び、漱石が教えた松山中学は近くの県庁前あたり。碑が立つ。そのすぐ裏の子規母校、番町小学校には子規「旅立ちの像」。秋山兄弟生誕地はミュージアムから大街道を渡った裏にあり、復元生家や2人の像が立つ。

　道後公園脇には子規記念博物館があり松山の歴史も学べる。子規というと「柿くへば鐘が鳴るなり法隆寺」ぐらいしか知らない人も多いと思うが、若くして結核に冒され、死期を数えながら疾走した人生には鬼気迫るものがある。

「痰一斗糸瓜（へちま）の水も間に合わず」。ユーモラスであり、空恐ろしくもある。

松山城天守曲輪の威容

松山城・湯築城

日本100名城。現存天守など国重文21棟。1603年加藤嘉明により築城。その後久松松平氏の居城に。

愛媛県
今治市
今治城

生き返ったタオルの街　たちまち沈む端切れに感動

タオルといえば、昔は欧米の有名ブランド名がついた商品をお祝いなどでもらうものだった。しかし今や我が家のタオルは大体「今治」ブランドである。はて、どこで変わったのか？

江戸時代以来今治では綿織物生産が盛んだったが、明治以降の機械化で関西の大資本に押され始める。そこで今治ではタオルに特化した。タオル製造では、織るためにいったん固めた糊を大量の水で洗い流す工程が必要だが、その水に今治近郊の軟水が適していた。今治はタオル産地として発展し、有名ブランド名を冠した贈答需要で潤った。しかしバブル崩壊で安価な輸入品が10倍以上に増えたのに対し、今治の生産量は5分の1にも急減してしまった。

そこで2006年から「今治タオル」ブランドの確立に務めた。厳しい品質基準も設け、中でも「5秒ルール」は、製品の端切れを水に浮かべ、5秒以内に沈まなければ失格という厳しいもの。当初は不合格の会社が相次いだが、努力の結果需要は回復。高級品にシフトして売

上高は10倍以上に増えた。

今治ブランドの旗艦店が港近くにある。広い店内は全てタオル。目を引くのが、壁一面数十種類もの白いタオルの棚だ。原綿産地や織りがメーカーごとに微妙に違い、バスタオルで5000円などというものもざら。色とりどりの綿マフラーや、ハンカチ、帽子など、様々な製品もあって見飽きない。向かいの今治タオルLABには実物のタオル織機が置かれ、例の5秒ルールも自分で確かめられる。さっと沈むタオル切れに思わず「おー」と歓声を送ってしまう。

ずらりと並んだ今治タオル各社自慢の白タオル

市街から少し離れるが、「コンテックス タオルガーデン」は煉瓦造りのタオル工場を改装して、店舗とカフェにしている。「タオル美術館」はお城のような店舗やレストラン、土産物店を併設し、織機が動く様子も見学できる。タオルだけで、色々楽しめるのが今治だ。

海とつながった今治城の堀と本丸

今治城

日本100名城。1604年、藤堂高虎が築城。堀と海がつながった海城。現在の天守は遺構もなく模擬。

愛媛県
大洲市
大洲城

奇抜がてんこ盛りの臥龍山荘　明治期の繁栄残す古い街並み

大洲城下町では、街の東のどん詰まりにある**臥龍山荘**こそが必見である。

臥龍という名は、山荘の前にそそり立つ中洲状の岩山が、横たわる龍のようだということで大洲藩の殿様がつけた。そのような景勝地であるから、江戸時代には藩主の庭園があったようだ。

明治以降は荒廃していたものを、大洲周辺特産の木蠟（もくろう）輸出で巨万の富を得ていた地元の河内（こうち）寅次郎が手に入れ、山荘を建てる。1897年ごろから工事を始め、最初の建物**不老庵**が完成したのが1901年。最後の臥龍院が完成したのが1907年と足掛け10年以上かけた建物だ。

臥龍山荘はどこもかしこも驚異に満ちた建物だが、門をくぐったところから驚かされる。右手上にある建物の土台石垣の中から、太い木がにょっきり伸びている。これは元から生えていた木の周りに石垣を積んだそう。その先石段を登った脇の石垣は長い石を連ね、流水を表す。

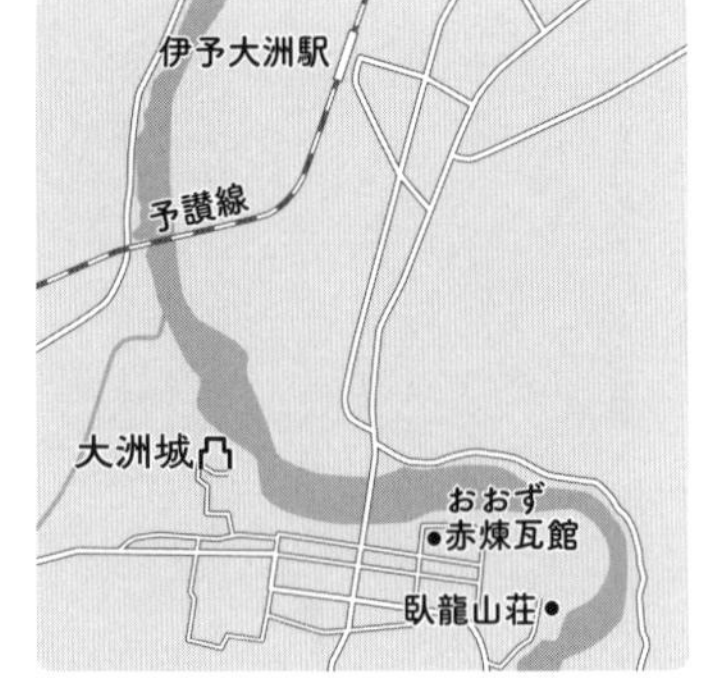

よく見ると椀状になった石と、丸い石臼がはめ込まれている。船と月なのだろう。発想がすごい。

入ってすぐの臥龍院には3つ部屋があり、どれもワンダーなのだが、特に霞月（かげつ）の間。縁側は何の変哲もないようだが、実は松の巨大な一枚板に筋を掘って、わざわざ材を組み合わせたように見せている。床の間の違い棚に富士の絵がかかるが、その横の丸窓は裏にある仏間に火を灯すと月のように浮かび上がる仕掛け。上の壁の一部はわざと土を欠けさせ中の小舞を見せている。いちいち「ほー」とため息が出る。

崖上に引っかかったような不老庵

様々な石を精緻に組み合わせた石畳の道を抜けていくと最大

の驚き、不老庵である。ここは川に突き出た場所に石垣を組み、さらに懸け造りにして建物を浮かび上がらせて船に見立てている。天井が丸い船底だ。障子を開けると肱川が広がり対岸に富士山(とみすやま)がそびえ、思わず歓声をあげる眺めだ。月夜には川面に当たった月光が天井に反射しさらに室内を照らす仕掛けで、もうヘンタイである。また不老庵は川や対岸から見ると高い自然の木に支えられているように見える。

河内寅次郎とはどんな人物だったのか。1853年、油や紙、木蠟を作る豪商の家に生まれた。のちやはり木蠟を作る別家に養子に出るが、寅次郎は製造を跡継ぎにまかせ、自身は神戸に出て海外との木蠟貿易に専念し、全国の生産者を組織して貿易を拡大する。木蠟は当時の欧米では綿織物を糊付けする材料として使われており、日本の特産品だった。こうした脂の乗り切った中、1909年に56歳で寅次郎は没する。大洲から飛び出し世界を相手に商売をしながら、生涯髷を切らなかった。手を掛けた臥龍山荘ではほとんど過ごせなかったようだ。

旧大洲商業銀行の建物を利用した観光施設「おおず赤煉瓦館」

城と臥龍山荘の間の城下町は古い街並みがよく残る。その中程に寅次郎の木蠟の蔵が歴史探訪館として残る。洪水を警戒した石垣の上に、大洲城よりも太い柱で建つ。また明治期の大洲の繁栄ぶりを示す旧大洲商業銀行の建物が、「**おおず赤煉瓦館**」としてギャラリーや土産物店になっている。レンガに残った子供の手の跡が可愛らしい。

予讃線から遠望した大洲城天守

大洲では夏に肱川で鵜飼が行われる。ここでは昼の鵜飼もあり、臥龍山荘下にも乗船場があるので、川から見た不老庵の絶景も楽しめる。夜も不老庵はライトアップされ、さらに絶景感が増す。

大洲城天守は２００４年の木造復元で、ユニークな吹き抜けがあり、心柱が３階分通して眺められる。立ち姿がすっきりしており、眺めるのに良い城だ。特に予讃線宇和島方面に向かう鉄橋の上からの眺めがいい。わずかな時間だが、見る角度で変化していく城の姿が楽しめる。

最近は天守を一棟貸しで泊まれることで有名になった。食事は臥龍山荘でとれる。まさに現代の殿様である。２名のみで１００万円だそうだ。

日本１００名城。櫓など国重文。１３３１年築城。現在の城は藤堂高虎が整備。江戸初期以降、大洲藩加藤氏の居城。

愛媛県
宇和島市
宇和島城

サトウ・益次郎・宗城の交錯を偲ぶ 多彩な郷土食を食べ尽くしたい

宇和島は現代の感覚だとかなり遠隔の地だ。東京からだと松山空港からさらに特急で1時間半弱。しかし幕末から維新にかけて、日本の運命を担った個性的な人物たちがこの街で交錯した。

イギリスの外交官アーネスト・サトウは、幕末から明治にかけて通算25年も日本に滞在し、西郷隆盛や木戸孝允、伊藤博文らと交友のあった人物だ。

彼は幕末の1866年、日本の政治情勢を探るため軍艦3隻とともに宇和島を訪れている。英軍艦がわざわざ立ち寄るに値する街だったのだ。ここでサトウは、幕末四賢侯と呼ばれた前藩主伊達宗城と藩主の宗徳に会っている。

その際宗城は、サトウが発表した英文の外交論文について「それは読んだ」と話してサトウに感銘を与えている。時代劇での殿様イメージとは違った、確かに英邁な君主だったようだ。

市街外れの等覚寺に大きな墓地がある。

サトウは宇和島を去る際、めったにない表現で「名残惜しさでいっぱいだった」と書いている。よほど気に入ったのだろう。宗城は海に面した**砲台**から礼砲を撃って送った。砲台は今も残り、隣に市の**歴史資料館**が建つ。

大村益次郎設計の樺崎砲台（左）と歴史資料館

その樺崎砲台の建設には大村益次郎が携わったという。大村は今の山口市生まれだが武士ではなく、大阪の適塾で学んだ秀才で、その学識を見込んで宗城が1853年に宇和島に招いた。蘭学や兵学を藩士に教え、3年後には宗城とともに江戸に行き、そこで蘭学塾鳩居堂を作って長州の目に留まる。宗城の引きがなかったら新政府軍司令官大村は存在しなかったかもしれない。**住居跡**が市街外れの山麓にある。

宇和島藩の砲台建設はこれが初めてではない。今は隣の愛南町になるが、1850年に久良砲台が築かれている。これは幕府の外交政策を批判して投獄されたがのちに脱獄した蘭学者、高野長英が設計したもの。なんと宇和島藩はその高野を宇和島に匿い、洋書の翻訳などをさせていた。市街中心部の匿った場所に、親族で同郷の後藤新平揮毫の碑が立つ。

司馬遼太郎の小説「花神」では、大村がシーボルトの娘イネと恋仲だったと描かれているが、その逢瀬の場が宇和島だった。シーボルト一番弟子の二宮敬作は宇和島の出身で、シーボルトは日本を去る際、彼にイネの行く末を頼んでいた。

医学の道を志したイネは、宇和島にいた大村にオランダ語を学んだ。それは事実である。当時住んだ家は大村宅のすぐそば。案内板が立っている。のちイネは、宗城の引きで宇和島藩の藩医になり、さらに東京で日本初の女性産科医として活躍する。

日本の城下町、どこへ行っても必ず**郷土料理**はあるが、宇和島はその多彩さが半端ではない。

鯛めし（右上）、じゃこ天（左上）、マルずし（左下）など

まずは鯛めし。出汁と生卵と鯛の刺身を混ぜて熱々ご飯にかけて食べる。これで美味しくないわけがない。

そしてじゃこ天。本来は地元でハランボと呼ばれる魚をすりつぶし、幅5センチ、たて7、8センチと大振りに成形して油で揚げたもの。正統派は灰色で、やや硬い表面と弾力のある歯ざわりが持ち味。そのまま食べてもいいが、炙って油を染み出させると最高である。他にも練り製品は豊富で美味しいが、じゃこ天と呼ぶのはこれだけ。

さらにふかの湯ざらし。サメ肉を湯通ししたものだがさっぱりしていて美味しい。太刀魚の竹巻きは太刀魚を三枚におろして竹に巻いてたれをつけて焼いたもの。竹を持ってかぶりつくのが楽しい。マルずしはシャリがおからの握り寿司。まだまだ、ふくめんやほごの煮付け、愛媛なのに「さつま飯」などきりがない。観光案内所には郷土料理店のパンフレットがあるので参考にして堪能しよう。

市街を見下ろす宇和島城の現存天守

宇和島城

日本100名城。現存天守は国重文。国史跡。1596年藤堂高虎築城。元来は海城。1614年以降伊達家の城。江戸期の武器庫が博物館に。

高知県

高知市

高知城

みんなでお酒が大好き 龍馬の生まれた街を散策

高知人は酒飲みだというが、ただ酒好きなのではない。みんなでワイワイ飲むのが好きなのだ。それを体現しているのが市中心部の「**ひろめ市場**」だ。

ひろめ市場は高知城の目と鼻の先、追手門通りに面した施設に60ほどの飲食店が入る。お酒が飲める店がほとんどで屋根付きの飲屋街といった感じだ。建物内に広場があり、買った物を持ち寄って飲む。営業時間は朝10時、日曜になると9時からで、朝から飲める店もある。

観光客向けの面もあるが、昼から飲んでいるのは大体地元の方。よさこい祭りも他の盆祭りと違い、昼から演舞が始まり踊り手も見物人もお酒を飲んでいる。また女性にも酒飲みが多いというが本当らしい。有名な皿鉢（さわち）料理も、女性がつまみや料理の支度のために台所に戻らずに済むよう、料理をまとめて盛ったのが始まりともいう。また宴会の小道具に「べく杯」がある。これは底が尖っていたり穴が開いた杯のこと。飲み干すまで置けない。近年は天狗の面の形を

した杯（鼻が高くて置けない）などの一気飲みセットも人気らしい。

高知人が酒飲みという時に出てくるのが総務省の家計調査だ。「飲酒に払うお金」で、高知市民は2016年には3万8910円を支出しており、全国平均1万7990円の倍以上でぶっちぎりの1位。

しかしこれは世帯支出額で飲み会代金なども含んでおり、純粋なお酒の消費統計ではない。国税庁のデータから計算した県民一人当たりのアルコール消費量では実は高知は11位、飲酒運転事故率は20位という数字もある。高知はみんなでワイワイ楽しく飲む県民性なのだ。素晴らしい。

朝から酒飲みで賑わう「ひろめ市場」

そして高知といえば龍馬。生まれたのは城の南西。路面電車の上町一丁目駅そばに大きな解説板、碑などがある。路地を入ると「**龍馬の生まれたまち記念館**」があり、龍馬の生涯を資料で知ることができる。

高知城天守

高知城

日本100名城。現存天守と本丸御殿など15棟が国重文。南北朝時代築城。1601年から山内氏の居城。壮大な追手門や石垣も見事。

Column 5

ジャンル別おすすめ城下町②

ジャンルごとのおすすめ城下町。引き続きましてよい庭を持つ城下町では、本文にも書きましたが、大名庭園最高峰と個人的に考える栗林公園を持つ高松が筆頭で、日本三名園を持つ水戸（偕楽園）・金沢（兼六園）・岡山（後楽園）は庭好きには見逃せません。奇想の庭の大洲や、独特の美学の南九州（知覧）もいいです。

そして誰もが好きだと思われる温泉ですが、山口・松山が温泉の近さと規模で2大温泉城下町と言えるのではないでしょうか。郊外や近隣に温泉がある城下町というと函館（湯の川温泉）・鶴岡（湯野浜温泉）・米沢（米沢八湯・赤湯温泉）・会津若松（東山温泉）・甲府（湯村温泉）などが挙げられます。

季節ものですがサクラも大事な要素。私は弘前城が日本一のお花見会場と思っています。また仙北市（角館）・佐倉・小諸・高遠も素晴らしいです。実見していないのですが、津山・秋月のサクラも見事だそうです。ただサクラはほとんどの城に植えられており、それぞれいい場所で見れば素晴らしいものでしょう。

夜の繁華街を楽しみたいなら小倉・那覇は不夜城の様相です。八戸も案内があれば楽しいです。夜は夜でも、函館は夜景という特別な財産を持っています。

唯一無二ポイントでいうと、二本松の菊人形、上越の雁木、岩国の錦帯橋、今治タオル、竹田の隠しキリシタンなどは印象が強いです。

第6章 九州・沖縄

84 北九州市
小倉城
86 柳川市
柳川城
85 朝倉市
秋月、秋月城
87 佐賀市
佐賀城
93 中津市
中津城
福岡
88 唐津市
唐津城
94 杵築市
杵築城
佐賀
大分
92 大分市
府内城
89 平戸市
平戸城
長崎
95 臼杵市
臼杵城
熊本
96 竹田市
岡城
90 島原市
島原城
91 熊本市
熊本城
宮崎
98 鹿児島市
鹿児島城
鹿児島
97 日南市
飫肥城
99 南九州市
知覧城
沖縄
100 那覇市
首里城

福岡県

北九州市

小倉城

「角打ち」発祥の街 爽やかな川辺歩きも楽しめる

小倉はかなり男の街である。

「小倉生まれで玄海育ち、口も荒いが気も荒い」とは村田英雄が歌った「無法松の一生」（1958年）の歌詞だが、元となった小説の作者、岩下俊作は小倉出身で長く八幡製鉄所に勤めた。製鉄所ができたのは1901年、現在の八幡東区だが、拠点は小倉の隣の戸畑区と小倉北区にもあった。

また戦前は中心街を流れる紫川西側に広大な陸軍の兵器工場が、東側にはTOTO創業の拠点工場があり、小倉は工場労働者が多かった。岩下はそんな街の気風を描いたわけだが、その雰囲気は今も色濃い。とにかく飲み屋が多い。パチンコ店も多く、競輪は発祥の地で競馬、競艇もある。三つ揃う街はそうない。風俗店も多い。

そして最近あちこちで人気の角打ち（かくう）も小倉発祥だという。工場労働者が仕事を終えて帰宅するまでの間に、酒屋へ立ち寄ってそのまま軒下でキュッと一杯。これを角打ちと称したのが全

再開発前の旦過市場

国に広まったという。

語源については諸説あり、「立ち飲み」など他の言い方の所も多い。関東に広まったのは1960年代の後半、千葉県君津市の工場に、北九州から2万人もが移住したため様々な文化が伝わった、との説がある。

小倉では今も百数十軒ほどで角打ちが楽しめ、観光用の街歩きマップにも何軒か紹介してある。酒屋だけに日本酒がメインだが、1合も飲めないという人のためか、だいたい半合で出してくれる。となると250円とか。多少つまみを食べても1000円いらない。これが最大の魅力だ。ただ酒屋なので午後7時でおしまい、なんて店もある。逆に朝は早い。9時ぐらいから飲めたりする。

有名な**旦過(たんが)市場**の店に行ってみた。15時過ぎで先客がいる。ちょうど下関の酒が「おすすめ」だったので半合いただく。さすが酒屋推薦はうまい。つまみはおでんの大根とアキレス。飲食店ではないから本当は調理品を出してはいけないはずだが、大抵の店でつまみを用意している。

座れないしサービスはないし、30分以内でとか色々制限はある。しかしちょっと引っ掛けながら歩き回る飲んべえには最高だ。食べるなら市場を歩き回ればなんでもある。名物のぬか炊き、サバ一切れ300円。天然ぶりの炙り刺し500円などなど。

他にも焼き鳥屋、たこ焼き屋、果物屋、ケーキ屋……。店はみな間口が狭い。1メートルぐらいしかない店もあるが、裏へ回ってびっくり。店がずらっと入る建物は川の上に柱を立てて建っているのだ。

しかし残念ながら2022年の火災や水害などの結果、一帯の全面再開発が進行中だ。大きなビルができ、市場の通りは建て替えられて川への張り出しも無くなる。やむを得ないとは思うが、今の風情がどれだけ残るか心配だ。少し北の鳥町食堂街は狭いくねくねしたアーケード。

美しく整備された紫川周辺と小倉区役所

焼うどん発祥の店などもあるディープ感満載の街歩きを楽しめる。が、ここも２０２４年の火災で大きな被害を受けた。

一方で開放感あふれる一帯もある。旦過市場や魚町銀天街から少し西に行くとすぐに**紫川**だ。ここは平成の間に大変貌を遂げた。かつての兵器工場跡は市役所、区役所や病院、図書館とともに、大きな公園もできた。川べりは両岸とも川面のすぐそばに降りて散策できる。川との間に柵がないのがいい。

入江のような場所や、浮き桟橋のイベントスペースもある。水環境館という川辺の地下施設には水中に面した窓があり、魚の様子などが見られる。

橋の両側を行き来する橋も歩行者中心で楽しい。風でゆらゆら動く巨大なオブジェがある風の橋。路面のモザイク模様が、ある方向から見るとひまわりに見える太陽の橋。江戸時代の街道の場所に架かる木造の常盤橋。炎の街灯の火の橋。これまでの「男の街」とは対極で、いいバランスを取った整備街づくりである。

復元された小倉城天守

小倉城

続日本１００名城。鎌倉時代築城か。１６０２年に細川忠興が居城とし整備。１６３２年以降は小笠原氏。江戸期の石垣城に昭和の復元天守。

福岡県
朝倉市
秋月、秋月城

ジワジワ来る街の良さ ハイキング気分で歩き回ろう

秋月は不思議な魅力の街だ。「筑前の小京都」などとも言うがあまりに小さく「みやこ」という雰囲気ではない。さりとて城はというと、5万石だった黒田家は小大名ではないものの福岡藩の分家という立場からか、江戸時代の基準でいう「城」は造らず、城跡といっても圧倒的に規模が小さい。

城下町は旧秋月町中心街なのだが、その後合併で甘木市となり、さらに合併で朝倉市となったこともあり賑わいとは程遠い。初めて行った時には「これで全部?」と思って拍子抜けした。

しかしである。秋月の良さはジワジワ来る。散在する武家屋敷跡や寺院跡をめぐっているうちに不思議と心地よくなってくる。武家屋敷跡かと思われる石垣基礎の畑、美しいフォルムを見せる石橋、こぢんまりとした寺院たち。**久野邸・田代邸などの武家屋敷**も慎ましやかで、興奮というより落ち着く感じだ。

頑張れば全て歩いて回れる中に、日本の美しかった風景がギュッと詰まった感じだ。そう、ハイキング気分で散策を楽しむのが秋月の最適な見方だと思う。城下町というより田園と呼びたくなる。観光客がバスでサッと来て、サッと帰っていく杉の馬場だけではなく、周囲を気の向くままに歩いてみることをお勧めする。心のコリがほぐれるはずだ。

秋月の街の背後にそびえる古処山城は秋月氏の居城で、秀吉の九州攻めの際、名茶器と引き換えに無血開城した。城下町には秀吉の腰掛石がある。またここは明治の士族反乱の一つ、秋月の乱の勃発地でもある。ひなびた山裾のポケットのような街で、そんな歴史的事件が起こったということに不思議な感じもする。

秋月城前の杉の馬場は春はサクラの名所。博物館や茶屋、土産物屋が並ぶ。秋の紅葉も美しく、訪れるならどちらかの時期がいい。

秋月城黒門

武家屋敷・久野邸の窓から古処山城を望む

秋月城

1624年築城。黒門・長屋門・石垣などが残る。幕末まで黒田家分家の城。城跡には現役木造校舎の秋月中学校が建つ。

福岡県

柳川市

柳川城

網の目のような掘割の中の街 みんな懐かしい白秋の街

街の中に掘割があるのではない、掘割の中に街がある。そう感じるぐらい、柳川市街には掘割が多い。生まれ故郷である北原白秋が水郷と名づけた姿がいまだに残る。

木造のどんこ船と呼ばれる船での川下り観光があり、西鉄柳川駅から乗り場まで送迎もしてくれる。迷路のような水路を、船頭の竿一本でゆったりめぐるのは実に清々しい。森のような場所、広々とした場所、住宅が連なる場所など景色もさまざまだ。

ところどころにある水門と橋では、船の幅とほとんど変わらないような狭い場所もあり、頭をぶつけそうにもなる。船頭さんが「頭を下げて下げて」と注意するが、最近は中国語や英語も混じる。

雛祭り前後には、掘割の周りに「さげもん」(下がり雛飾り)が並び、花々とともに実に華やかだ。秋の紅葉、冬のコタツ船も味がある。今や柳川観光に欠かせない目玉だが、昭和の一時

期、消えそうになった。

戦後に水運利用がなくなり、飲料水や生活用水としても不要になり、多くの掘割が放置された。市は城周りの堀を残して埋め立てて下水化することを計画し、実行を任されたのが職員の広松伝だったが、なんと広松は計画に反対、市長に計画の撤回を迫る。1977年のことだった。

雛祭りの時の遊覧船行列

当時の新聞にも「係長の反乱」などと書かれたが、広松は「掘割を埋めれば柳川が沈没する」との熱意で市長を説得。市長はそこまで言うなら、と6か月の猶予を与え、埋め立てずに再生する案を作れ、と命じる。

広松は関係者間を走り回り、住民参加による掘割の再生・維持計画を作る。当時の写真を見ると一面に水草が覆い、船など通れたものではない。しかし広松の呼びかけで少しづつ住民が動き、止まっていた水の流れが1年ほどで見事に復活した。

この過程は高畑勲監督のドキュメンタリー映画「柳川掘割物語」で詳しく描かれている。柳川の掘割は実は遠くから1本の水路で引かれた水源のみで流れている。多くの水門を作ることで水がゆったり流れ、大雨の時は遊水池となり、下流の農業用水の溜池ともなるなど、何役にもわたる効能がよくわかる。

40年前には30万人ほどだった川下り観光客は今は100万人以上。水路沿いに遊歩道もでき、川船を眺めるのも楽しい。掘割沿いの柳川市立図書館に併設された「**あめんぼセンター**」では、こうした水の歴史もよくわかる。

最近は北原白秋の生誕地としての観光アピールも盛んだ。造り酒屋だった生家は保存され、裏手には立派な記念館もある。掘割沿いに詩碑なども多く置かれ、船頭さんが白秋の歌を歌ってくれたりもする。「赤い鳥小鳥」「ゆりかごの歌」など誰でも歌える童謡の作者、というのが郷愁に触れるのだろう。白秋命日の11月2日前後の白秋祭では、夜の川下りパレードなどがあ

狭い水路の橋の下を通り抜ける遊覧船

る。

掘割を築いたのは田中吉政という江戸時代初期の大名だが、吉政はこの本でも紹介している岡崎の二十七曲りや豊臣秀次の家老として近江八幡の八幡堀を築いた都市づくりの巧者である。柳川でも、掘割だけでなく、干満の差が激しい有明海から内陸を守る堤防を築いたり、久留米との街道を築いたり、現代につながるインフラ整備を行った。

墓が城堀水門に近い真勝寺にあるが、なんと墓跡は本堂の床下。お願いすれば参拝させてもらえる。こんな墓は他にはない。

柳川に泊まるなら、多少気張って「**御花**」に泊まりたい。田中家を継いで柳川城主となった立花家の藩主別邸だった場所で、高級ホテルとなり経営は立花家の子孫。お殿様自身が、併設の資料館の説明をしてくれることもある。江戸期から続く庭園は国の名勝で、明治期和風建築の大広間や同時期の洋風迎賓館などが残る。

藩主・立花家の別邸だった御花

柳川城

国史跡。1500年ごろ築城。1620年に立花氏が城主に復帰以降幕末まで城主。柳川高校に天守台が残る。

佐賀県
佐賀市
佐賀城

日本最強の佐賀藩軍筋を通した偉人輩出

九州では佐賀県人をバカにする風潮があるという。自虐ネタにした佐賀出身のお笑い芸人もいた。しかし佐賀藩がその気になっていたら、日本の支配者になっていただろう。

2009年から発掘調査が始まった**三重津海軍所跡**が、筑後川が下流部で分かれた佐賀市郊外の早津江川の岸辺にある。1858年に佐賀藩が造った造船所・海軍基地である。ここには日本最古の乾ドック遺構がある。近代造船所では必須の施設だが、佐賀藩は幕府の横須賀造船所のように欧米列強の援助を得ず、独力で完成させている。そのため木を使った日本の伝統的土木技術で造られている。佐賀藩はここで、国産初の実用蒸気船である「凌風丸」を完成させ、多くの近代軍艦を運用していた。

遺跡近くに大きな展示施設があるが、面白いのは「みえつスコープ」。遺跡の指定ポイントに行きゴーグルをかけると、バーチャルリアリティでかつての海軍基地の様子が見えるのだ。

移動するたびに違った景色が現れ、かつての威容を偲べる。佐賀駅からはバスで30分ほどだ。

軍艦だけではない。近代軍には鉄が大量に必要だ。佐賀藩は城下に製鉄所を建設し、1851年に日本初の鉄製大砲製造に成功している。日新小学校に**記念碑**が立つ。佐賀駅北口にも製鉄用反射炉の大きな模型がある。佐賀藩は幕末までに300門もの大砲を製造した。これも技術書の翻訳から独力で成し遂げたという。

製鉄所近くの精錬方では様々な科学技術研究にあたり、のち日本赤十字を創設する佐野常民や、東芝創業者のからくり儀右衛門こと田中儀右衛門らが活躍した。1855年には、小さな模型の蒸気機関車の製造と運転に成功している。跡地に記念碑が残る。

なぜ佐賀はこのように先進的だったのか。これには藩主鍋島直正の強い意向があった。佐賀藩は代々長崎警備を担っていたが、1808年に英軍艦フェートン号侵入の際に有効な手を打てず、家老が責任を取って切腹した。直正は先代の際のこの屈辱と危機感を忘れなかったのだろう。藩財政の4割を占めたという大砲製造費も、直正は財政改革で捻出した。

近代戦に対応した軍制改革も行い、薩長にもなかった連発元込め銃

三重津海軍所跡の建物

のみの部隊も作った。戊辰戦争では最新式のアームストロング砲で上野の彰義隊を壊滅に追いやる。

しかし薩長が倒幕の陰謀に血眼だったのに対し、直正は国内で争うことの無益さからか、旗色を直前まで鮮明にしなかった。戊辰戦争は佐賀の力無くして勝ち得なかったはずだが、維新後の政権内で、薩長の後塵を拝することとなった。直正がもっと悪どかったら、今ごろ多くの日本人が佐賀人にひれ伏していただろう。直正の像は佐賀城前に立ち、押し黙ったままだ。

それでも佐賀は、多くの優秀な人材を明治政府に輩出した。ある時期の維新政府最高幹部の参議9人のうち、4人を佐賀出身者で占

佐賀藩が建設した製鉄施設、反射炉跡

めたこともあった。

代表は大隈重信侯だ。維新までに目立った活躍はないが、津和野で紹介したキリスト教弾圧への欧米の非難に対し、一歩も引かずに対応し一目置かれた。さらに通貨改革も主導し、大混乱の中から「円」を誕生させる。大隈侯がいなかったら、経済的土台の弱かった明治政府は転覆していたはずだ。城下町の生家が保存され、隣に記念館がある。ゆかりの地も多い。

日本の法制度の基礎を作った江藤新平も、その清廉さから長州の汚職政治家に毛嫌いされ、大久保利通にも敵視されて佐賀の乱で斬首された。札幌の基礎を築いた島義勇も同時に処刑される。正義人道の人と諸外国に賞賛された副島種臣も征韓論の際、下野した。

こうして見ると、佐賀人はみな筋を通す人ばかりだ。これも直正譲りか。佐野、大隈、江藤、島、副島らが学んだ藩校弘道館の地には、現在博物館である徴古館が建ち、弘道館記念碑もある。佐賀人が天下を取った日本はどうなっていたろう。

鍋島直正像と佐賀城

佐賀城

日本100名城。鯱の門と櫓が国重文。1602年築城。幕末まで鍋島氏の居城。木造復元本丸御殿は佐賀城本丸歴史館となり無料。

佐賀県
唐津市
唐津城

人間が造った虹の松原 ユーモラスなくんちの曳山

数々の城の天守に登ってみたが、**唐津城天守**ほど爽快かつ壮大な景色にはなかなかお目にかかれない。目はどうしても天守の眼下に広がる**虹の松原**に向かってしまう。

弓形に連なる砂浜は延長4・5キロ。その背後に最大幅500メートルものクロマツ林が広がる。面積は216ヘクタール。これがどれぐらい広いかというと皇居の全面積の約2倍だ。日本三大松原として知られるが、日本で36か所しかない特別名勝に指定されており、これは全国の松原で唯一。

中には散策路がある。行ってみるとそれほど大きい松があるわけではない。しかしどの松も内陸側に傾いている。海風のせいだ。根がまくれあがったり、ねじれている松も多い。おもしろい形のものには、「連理の松」とか「夫婦松」、中には「ゴリラ」などと名前が付けられているものもある。全部で100万本あるというから驚きだ。

ところどころにある出口から海へ出ると、砂浜に美しい水が波紋を作りながらサーッと押し寄せている。砂はきめが細かくやや赤みがかった白だ。流木などのゴミはあるものの、遥か彼方まで続く青と白と緑の曲線に、「やっぱり日本の自然って素晴らしい」と思いがちだが待て待て違う。この景色は実は自然でもなんでもない。

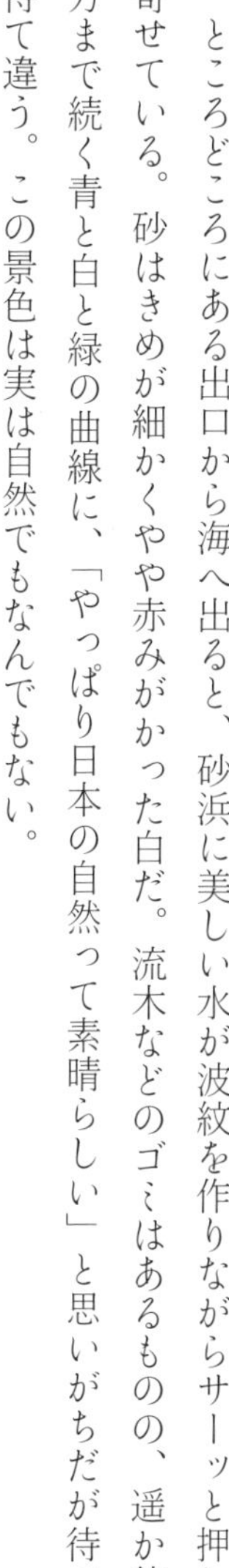

島のように見える唐津城

虹の松原は１６０８年ごろから、唐津藩主の寺沢広高が命じて造らせた人工林である。目的は松原の背後にある村への砂の飛散や塩害を防ぐためだった。実は唐津だけでなく、全国の松原の多くが人工林である。他の三大の三保と気比は江戸時代以前の自然林に近いらしいが、東日本大震災で失われた高田松原など、いわゆる白砂青松といわれる海岸風景の多くは、江戸時代からの植林でできたものだ。

植林の理由は、江戸時代に入って激しくなった自然破壊にある。戦国の世が終わり、日本は大新田開発時代に入った。平地の多くは新たに田んぼになり、肥料や燃料とするために山の木は次々と切られた。おかげで洪水、土砂の流出が激増し、幕府は森林保護令などを出す。土砂の流出で海岸部には砂浜や砂丘が増え、砂による被害や埋没も増えた。これを抑える切り札が、塩や砂に強いクロマツの植林だった。

また唐津では、寺沢はもっと大規模な自然改造をおこなった。現在は城の東、虹の松原との間に河口がある松浦川は、江戸時代以前は2本の川で、1本は城の西、もう1本は今の虹の松原の中ほどに河口があったという。これを一つにまとめた上で城の東に新たな河口を開いたのだ。地図を見ればわかるが、松浦川は松原目前で不自然に急カーブを描いている。

これらの工事で虹の松原の背後に広大な新田を切り開くことができたが、塩害や砂の害を受けやすいので、大規模な植林を始めたというわけだ。

唐津城天守から目の前の河口を眺める。ここを切り開いてしまうとは、江戸時代人、すごい発想、そして技術である。

唐津といえば唐津くんち。祭り自体は江戸時代の中頃に始まったようだが、現在のような曳山（ひきやま）になったのは江戸時代の後期だ。1819年に、京都の祇園祭をヒントに作られた赤獅子が

唐津城天守から見た虹の松原。手前の川が切り開いた新流路

唐津くんちで人気の、ユーモラスな鯛の曳山

最初で、以後明治初年までに15台が作られ、それを今も運行している（1台は消失）。

しかし曳山の形は実にユーモラス。基本的に何かの頭の部分だけが、どどっと迫ってくる。獅子と兜が多いが、最近人気は鯛だ。どうしてこれを祇園祭から発想したのかさっぱりわからない。

11月の祭りに行くのが一番だが、この期間は宿を取るのさえ困難だ。博多駅からは鉄道で1時間半ほどで着くので、博多から出張るのも一案だ。また曳山は常時中心部の**曳山展示場**で見られる。

唐津城

続日本100名城。1608年築城。天守が建ったことはなく、現在のものは昭和のもの。江戸末期の小笠原氏まで藩主交代が相次いだ。

長崎県
平戸市
平戸城

南蛮菓子の食べ歩き楽しもう 海外とのつながり偲べる城下

平戸には菓子店が多い。和菓子店？　洋菓子店？　いやいや南蛮菓子店である。

長崎に海外貿易の窓口が制限される鎖国令のころまで、平戸は諸外国との交易で賑わった。そんな中で、ヨーロッパから伝わった南蛮菓子の伝統は、鎖国となっても引き継がれていた。平戸藩10代藩主だった松浦熈（まつらひろむ）は、江戸で隠居する大名がほとんどの中、１８４１年の隠居後平戸で暮らす。そして数年の歳月をかけて「百菓之図」という地元などに伝わる１００種の菓子図鑑を完成させる。

その菓子が城下に伝わり、今も多くの店で買うことができる。４００年以上前に中国から伝来したという牛蒡餅は平戸名物。カステラに卵黄やグラニュー糖をまぶしたカスドースはポルトガル伝来の人気商品。花の形のカステラの中にあんの入った花かすていらは可愛らしい印象。

かつての藩主邸だった松浦史料博物館内の茶室「閑雲亭」では、百菓之図に出てくる菓子を

月替わりの茶菓として抹茶をいただける。私は鳥羽玉という菓子をいただいた。遠くに平戸城を望みながらお茶をいただく気分はすでに南蛮。

他にもポルトガル煎餅、オランダボーロなどの銘菓があり、古民家風の店内でコーヒーとともに味わえる店もある。どの菓子も和菓子とも洋菓子ともつかないまさに和洋折衷の味。「平戸百菓」という菓子店めぐりのパンフレットがあるので、これを手に、食べ歩き、買い歩きするのが良い。

平戸の南蛮菓子の数々

そして日本の最果ての城下でありながら、いやだからこそか、城下には異国の空気が漂う。

驚くのは港外れに復元された**オランダ商館**。オランダ人は1609年にここに商館を置いたが、1639年に建てられた幅46メートル、奥行き13メートルの巨大な倉庫が、往時のままに2011年に復元されている。2階建てだが、高さは10メートル近くあり、大きな柱は50センチ角もある。石造で中は資料館などになっているが、壁の構造や、荷物を出し入れするクレーン設備など興味深い。400年前はさぞかし違和感満載で日本人を驚かせたろう。

すぐ近くにはオランダ井戸、オランダ塀が残り、近くの土産物店内には当時の境界石壁が残っている。オランダ塀から急坂を登り崎方公園に行くと、ここには三浦按針こと**ウィリアム・アダムスの墓**がある。

オランダ船リーフデ号で大分に漂着した英国人のアダムスは、徳川家康に請われて顧問となり、江戸・日本橋には屋敷、三浦半島には領地も与えられらて三浦姓を名乗る旗本となった。

晩年は平戸でイギリス商館の仕事を手伝ってここで亡くなった。終焉の地の碑が城下町のピアノ教室前に立つ。近年、墓が発掘されヨーロッパ人らしき骨などが見つかった。DNA分析などの結果、アダムスが亡くなった1620年ごろのヨーロッパ人男性のものであり、アダムスの遺骨である可能性が高い。妻子を故国に残し、20年を異国で過ごして、どんな思いだったのだろうか。

城下のメインストリートは「英国商館通り」で、按針終焉の地のすぐ隣に商館跡の碑が立ち、市役所前にも記念碑がある。また記念碑の前には、海中から引き上げられた巨大な錨が展示さ

復元平戸城天守

復元されたオランダ商館

れている。

崎方公園内にはザビエルの記念碑もある。1549年に鹿児島を訪れた翌年、平戸に来て布教を行ったのだ。ポルトガル船が初めて平戸に来たのとほぼ同時期である。港を見下ろす丘の上に、平戸ザビエル記念教会がある。

モスグリーンの尖塔が美しく、ザビエルの像が立つ。ここから港へ下る坂は隣り合って仏教の寺もあり、「**寺院と教会の見える風景**」と名付けられ、その取り合わせの妙が面白い写真スポットになっている。

平戸城

日本100名城。1599年築城。天守は模擬。宿泊可能なことが話題になった。城主松浦氏は鎌倉時代から同じ地を支配した稀有な例。

長崎県
島原市
島原城

澄んだ水の上に足を投げだす 湧水生かした独特の癒しスポット

島原城下町は、江戸時代に起きた近くの眉山の山体崩壊、日本史上最悪の火山災害といわれる「島原大変、肥後迷惑」の現場でもある。しかしこの災害後、信じられないほど豊富な湧水、という恩恵も生まれた。災害後、城下町は湧水を取り入れて再生する。

中心街から少し離れた通りに「鯉の泳ぐまち」がある。文字通り道路脇の水路を鯉が泳いでいる。こうした水路はほかの街にもあるが、最近有名になっている明治後期に造られた邸宅「**四明荘**」には驚かされる。1日3000トンという豊富な湧水を使った池に縁側が張り出し、足の下を鯉が泳ぐ風景を作り出している。福井市の養浩館も池の上に屋敷があるが、足は投げ出せない。唯一無二の癒しスポットではなかろうか。湧水なので水の透明さは尋常ではなく、写真の撮り方によっては鯉が宙を飛んでいるようにも見える。

近くの清流亭という観光情報施設では、錦鯉が泳ぐ池を建物床下にまで引き込み、一部をガ

ラス張りにして、見えるようにしている。訪れた人は歩く足元の鯉を眺められるという趣向だ。

中心街にも水に親しめるカフェがある。その名も「水屋敷」は、池に面した明治期の建物を店舗にしている。縁側に沿った長い池には、小さな魚が泳ぎ、やはり湧水特有の透明感がなんとも神秘的だ。名物は湧水に何回も晒して作った白玉「かんざらし」。

武家屋敷街もここだけではないかと思われる特徴がある。なんと道路が舗装されていない。土を固めた道の真ん中を水路が通り、電柱も標識もない。即座に時代劇のロケができる。屋敷の石垣は隙間なく積まれ、その上には泥棒よけという丸い石が積んである。登ろうと手をかければ崩れて音がするというわけだ。見学できる屋敷も残るが、みな無料なのが嬉しい。

足元を鯉が泳ぐ四明荘の庭園

復元天守などが並ぶ島原城本丸

島原城

日本100名城。1624年築城。領地の規模に見合わね壮大な築城の負担が島原の乱の一因ともいう。幕末時は深溝松平家の城。復元天守など。

熊本県
熊本市
熊本城

巨大アーケード街は元は川 復興進む熊本城

日差しが強い九州はアーケードが多く、大分市のアーケードは日本一幅が広い。桜島の降灰もある鹿児島市の天文館は網の目のように発達する。そして熊本市には**上通**、**下通**、**サンロード新市街の3つの巨大アーケード街**があり、賑わいは九州でもトップクラスだ。幅が15メートルと広いだけではない。下通では、暑い日に涼感を感じるミスト発生装置や路上の植樹で快適性を増し、防犯カメラはもちろん、AED、UVカット、バリアフリーなど安心設備がてんこ盛りだ。上通はなんと通りの真ん中はウッドデッキ。

そしてこの通りがあるのは加藤清正のおかげである。清正は築城名人といわれるが、実は治水名人でもある。清正は入城以来城周辺の川の付け替えを次々と進めた。

蛇行していた**白川**を直線化し、今の中心市街地を作り出した。そしてかつての川だった部分がアーケード街なのである。さすがに川跡は地盤が悪く、武家屋敷などが建たないままとなり、

下通商店街の巨大なアーケード空間

そのラインが残って広い道路となったらしい。

２０１６年の熊本地震で大規模な被害を受けた**熊本城**は少しづつ、しかし着実に復興が進んでいる。２０２１年には天守が復旧し公開が始まった。展示は一新され見応えがある。重要文化財で城の表の顔だった長塀も復旧している。

現在、やはり重要文化財で損傷を受けた宇土櫓の解体修理が始まっており、巨大な覆屋で囲われている。一本石垣でかろうじて残った飯田丸五階櫓は解体と石垣の修復が終わり２０２５年に復元が始まる予定だ。

宇土櫓、本丸御殿の復旧は２０３２年、全ての重要文化財櫓と主要部の復旧が２０４２年、その後仮設通路の撤去なども進め、完成は２０５２年の予定だ。長丁場だが、完成までは仮設の空中回廊からの視点で城を眺められる。完成後は見られなくなる姿を今のうちに見ておこう。

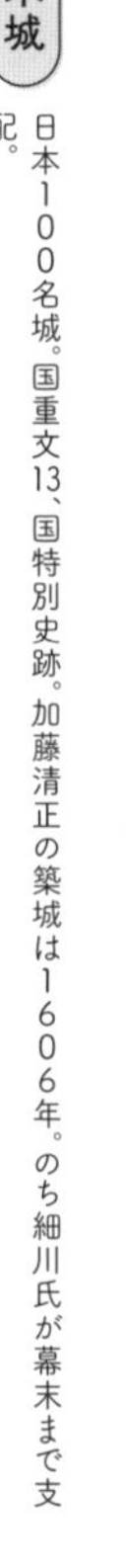

熊本城

日本１００名城。国重文13、国特別史跡。加藤清正の築城は１６０６年。のち細川氏が幕末まで支配。

復興工事中だけ見られる視点の熊本城天守と二様の石垣

大分県
大分市
府内城

南蛮文化発祥都市をアピール 格安ふぐや関サバ、関アジも

別府の隣で観光イメージの薄い大分市だが、最近は「南蛮文化発祥都市」で売り出している。

戦国時代末期から江戸時代初期にかけ、日本はヨーロッパ諸国と交流して多くの文化を吸収した。この南蛮文化の現場といえば長崎や平戸などを思い浮かべがちだ。

しかしポルトガル人が始めて日本に漂着したのは豊後国であり、現大分市への貿易船の来航も1551年と、平戸と1年しか変わらない。長崎は1570年でずっとあとだ。しかも府内と言った大分の街は大友氏の居城であり、九州では博多と並ぶ大商業都市でもあった。

JR大分駅を降りた広場の地面に、「ブンゴ」の地名がある大航海時代の世界地図が描かれている。片側の高い台座の上には豊後の戦国大名、**大友宗麟**が立つ。宗麟から地図の反対に目を移すと、日本にキリスト教を伝えた**フランシスコ・ザビエル**が「これが世界です」と言わん

ばかりに手を広げている。

ザビエルは宗麟の招きで1551年に府内を訪れている。彼の日本での布教は決して順調というわけではなく、京都では失敗し最初の上陸地鹿児島も追われている。うまくいったのは山口とこの大分だった。

大分駅前のザビエル像（左）と大友宗麟像

それは貿易も見据えた宗麟の積極的な支援によるところが大きい。ザビエルの大分滞在は2か月ほどだったが、宗麟はインド総督やポルトガル国王への親書も託してザビエルを送り出す。
その結果インドから宣教師が送り込まれ、1553年に日本でも最初期の教会が宗麟の支援で造られた。市街地東の顕徳町に「デウス堂跡」の碑が立つ。1557年には府内で2000人、豊後全体では1万人もの信者がいたという。
また医師で大商人だったアルメイダは府内を訪れ、その富で捨て子のための乳児院と貧しい人のための病院を造る。大分市中心部の遊歩公園通りは府内城大手門に続く緑道公園だが、大手町一丁目交差点付近に「育児院と牛乳の記念碑」がある。アルメイダは口減らしで殺される寸前の子供達を救い、牛乳も使って育てたという。

　そのまま城に向かって歩いていくと、今度は「西洋劇発祥記念碑」がある。1560年のクリスマスの際、デウス堂で宗教劇が演じられたと伝わる。さらに滝廉太郎終焉の地と像を過ぎると、「西洋医術発祥記念像」。アルメイダが外科手術を行おうとしている。今も市内には彼の名にちなんだアルメイダ病院がある。

　そして城前の県庁脇、「**西洋音楽発祥記念碑**」横には、宣教師のバイオリン演奏で子供達が聖歌を歌う像が立つ。大友宗麟はビオラを学んだ子らの演奏を聴いたそうだ。

　現代では当たり前のヨーロッパ文化との最初の接触が大分であった。まさに「南蛮文化発祥都市」であろう。

発掘・復元整備された大友氏館庭園

デウス堂跡に近い広大な土地では、宗麟らが住んだ**大友氏館跡**の発掘・復元が進んでいる。遺跡は1998年に発見され国の史跡に指定された。2018年には「南蛮BVNGO(ブンゴ)交流館」ができ、大友宗麟の事績を中心に、大分で南蛮文化が栄えた様子を展示している。2020年には、良好な状態で発見された庭園跡を復元した。さらに宗麟生誕500年となる2030年までに、居館跡の整備を完成する計画だ。

そして大分は特別な魚の街だ。有名なのは関サバ、関アジだ。この「関」はかつての佐賀関町の関崎沖で獲れるアジ、サバということだが、今や市町村合併で佐賀関町は大分市になっている。街のあちこちで食べられるし、土産物としても最高だ。またふぐ料理もお手頃な価格で食べられる。

大分城本丸に架かる廊下橋

府内城

日本100名城。1597年築城。大友氏改易後の城。1658年以降、大給松平氏の城。江戸期の櫓二つと天守台などが残る。

大分県
中津市
中津城

コンビニより多い唐揚げ店

唐揚げの「聖地」といえば中津だ。観光協会の唐揚げマップには40以上もの店が載っている。大した数でないように思う人もいるかもしれないが、中津市の人口は8万人。人口比で考えると、東京ならコンビニより多くなる。もちろん中津ではコンビニより多い。

どうしてそんなに成り立つのか。からあげ専門店では「醤油味」「ガーリック味」など調理法・味付けごとに商品を置くことが多いと思う。ところが中津では味付け別のメニューはあまり見ない。それぞれの店が独自の味を追求しているので、同一店では味の差を出さない。客も違う味が欲しければ別の店に行く。逆に多いのが肉の種類。骨無しでも「もも」と「むね」は別だし、軟骨でも「やげん」と「ひざ」とか。東京ではあまり見ない、セセリ、砂ずり（砂肝）の唐揚げなんてのもある。味付けは控え目という印象だ。

そして注文を受けてから揚げる。東京では作り置きを売ったりもするが中津ではあり得ない。

待てない人は電話で注文して頃合いを見計らって取りに来る。そして揚げたてが食べたいので、店には椅子やテーブルがある。地元客は注文が多いからか郊外型の店が多い。唐揚げ店めぐりは、車を用意して計画するのが良さそうだ。

福沢諭吉生家

なぜ中津で唐揚げの店が多いのか？　今のような唐揚げが考えられたのは戦前の銀座、という説がある。それが戦後になって「ブロイラー」が導入され、高級だった鶏肉が一気に大衆肉となる。その大産地が九州だった。

実は中津市のお隣の宇佐市は「からあげ専門店発祥の地」を名乗っている。戦後まもなくからの歴史を持つ店があるのだ。中津で唐揚げ店が増えてくるのはブロイラーが普及してくる１９７０年ごろかららしい。食べ比べると、違いがあって楽しめた。

復元中津城

中津城

続日本１００名城。１５８８年、黒田孝高（官兵衛）築城。細川家、小笠原家の後、奥平家が幕末まで支配。蘭学が盛んで福沢諭吉を生んだ。

大分県
杵築市

杵築城

錯覚起こす驚きの坂 着物で歩いて施設無料

読めますか？「杵築」。「きつき」である。江戸時代初めごろまでは「木付」で、これなら読める。ところが1712年に幕府から与えられた領地を保証する書状に、あろうことか領地の名を間違えて「杵築」と書かれてしまった。当時は出雲大社のことを杵築大社と呼んでおり、そちらの方が有名で音に引っ張られたらしい。藩では「直して」などとは言えなかった。「じゃこれから杵築で」と間違いに合わせて藩の書類等を書き換えたという。幕府が黒を白と言えば白だったのである。

最近は坂の眺めの街として知られる。特に有名なのは「**酢屋の坂**」と「**塩屋の坂**」。二つの長く緩い石畳の坂が向かい合っているが、写真に撮ると距離感がわからずに、目を疑うような景色に見える。望遠レンズを使うと、人間が崖に張り付いて歩いているように見えるのだ。どちらから見ても絶景だが、塩屋の坂からの写真が多い。坂下に重厚な商家があり、途中の

左右に土壁が続き高い石垣がそびえる。常夜灯が並び坂上には茅葺の武家屋敷と土蔵。あつらえたようなピースが並んでいる。

こんな景色が生まれたのには、城下町の地形が関わっている。杵築は南北二つの高台に武家屋敷があり、間の谷に町屋が並んでいる。これを地元では「日本唯一のサンドイッチ型城下町」と称する。高台と谷を行き来するため、あちこちに坂ができたのだ。「勘定場の坂」は城前から北側の武家屋敷に登る坂。いまだに小学生が登校する藩校の門や、磯矢邸、能見邸、大原邸といった重臣クラスの武家屋敷が並び、土塀が続く様は壮観だ。

やや西に行った飴屋の坂は緩くカーブし、対面する岩鼻の坂は直角に屈曲し対照が面白い。鬱蒼とした番所の坂、寺町へ続く天神坂などまだまだ多くの坂がある。

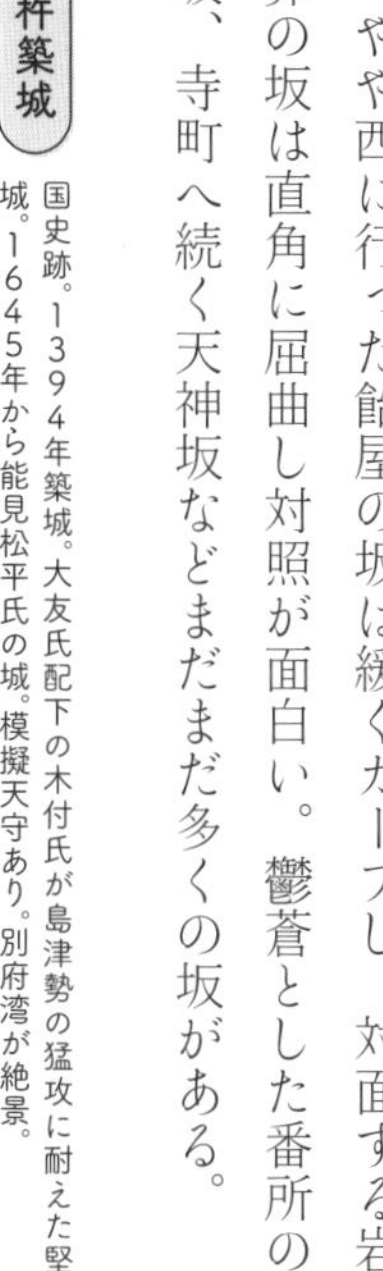

杵築城下の坂の奇観。写真の作り出す魔法だ

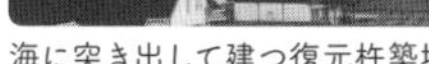

海に突き出して建つ復元杵築城

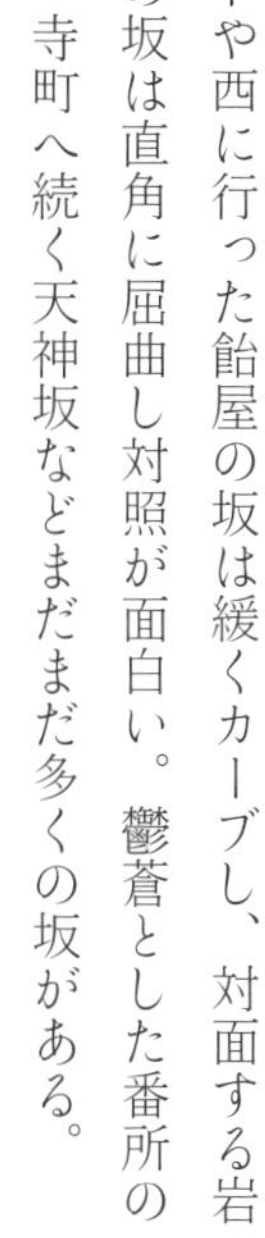

杵築城

国史跡。1394年築城。大友氏配下の木付氏が島津勢の猛攻に耐えた堅城。1645年から能見松平氏の城。模擬天守あり。別府湾が絶景。

大分県
臼杵市
臼杵城

岩盤切り開いた独特な道「ふぐの郷」に舌鼓

臼杵の城下町はその地勢がおもしろい。城自体が他にあまり例のない、海に浮かぶ島の城だった。城に渡るには古くは1か所、江戸時代でも2か所しかない橋を渡るしかなく、あとの城の周りは海上の断崖絶壁という状態。勇猛で知られた島津軍の攻撃も退ける堅城だった。

城下はその島の前の干潟にできたごく狭い一角で、ぐるっと回っても30分ほどの実に狭いエリアだ。その背後に当たる南側には**二王座**という岩山の地域があり、この山の存在が海に面していた小さな城下町にアクセントをつけている。

この岩山は岩といっても阿蘇山の大噴火の噴出物が冷え固まった溶結凝灰岩というもので、もろく加工しやすい。そこで人々は山に切り通しで道を造り、切った石は石垣や石畳や建材に使った。細い切り通しの道は敵を撃退するのにも役立った。

ここを散策するには西から入るのが良い。臼杵川の近くの龍源寺には九州では2か所しかな

い江戸期の三重塔がある（2033年まで改修中）。そこから城下町に向かい、**二王座歴史の道**という案内を参考に切り通しへ向かう。

まず目につくのは岩をくり抜いて作った金毘羅水という井戸。柔らかい溶結凝灰岩ならではのもので、井戸の上が金刀比羅神社。そこからゆるくくねる坂となり、ここが大友家の吉岡甚吉が奮戦して島津軍を退けたという甚吉坂だ。

かつては島だった臼杵城

登ると切り通しでできた三叉路があり、左の道を行くと片側は切り通し上に屋敷が並び、反対には大きな寺院が続く面白い道となる。入ってすぐ左の建物はかつては寺院だったが今は市の休憩施設となり、無料で入れる。

ここは2階屋で、その上からの眺めが面白い。切り通しの先の道を眺めると緩く曲がっていて見通しがきかない。そして右には切り通しが迫り妙な圧迫感というか、逆に開けた場所にはない安心感があり、見飽きない眺めだ。

道に戻って切り通し側を見上げると急な石段の上に武家屋敷がある不思議な光景。さらに進むと土蔵の休憩所や、武家の長屋門を改造したカフェなどもある。カフェは美しい庭園を通って抜けることができ、出ると城下のメインストリート八町大路に面した賑わい施設「サーラ・デ・うすき」で、城もすぐとなる。

他にもこの二王座には、城のような石垣の上にそびえ建つ寺院や、くねくね曲がった石畳の道の先にある展望台など散策しがいのある場所が多い。

また八町大路北側には狭い一角に飲食店などが集まるが、江戸時代を思わせるような古い街並みで味がある。作家・野上弥生子の記念館や生家である古い酒造店などもあり先の二王座とはまた違ったオーソドックスな城下町感を味わえる。

そして臼杵といえばふぐである。市の観光ページには20店以上ものふぐ料理店が紹介されている。人口3万4000人の市で、である。市内のふぐ料理店の組合は「ふぐの郷臼杵」を名乗り、その味に自信と誇りを持っている。

ふぐといえば下関を思い浮かべるがあそこは集散地。いいふぐは、臼杵目前の豊後水道でもまれて育つのだという。もっとも今は天然物のふぐは少なく養殖が多いが、味にはこだわっているようだ。

臼杵に行ったらふぐを食べないと

高級店は無理なので、庶民的な店に入ってみた。値段も安いが驚いたのはその量。一人で入ったのに二人前かと思う大皿の刺身。これでもかと山盛りになった肝和えの皮。ぷりぷりした美しい肝が三つも塊で並ぶ。さらに唐揚げや鍋に雑炊と来る。もう降参である。

感覚的に東京では3倍の値段でも叶わない、と思った。訪れた時には七五三祝いの親戚一同の集まりも来店していた。ふぐはそういう感覚のものなのであろう。

関アジ、関サバが有名な佐賀関は臼杵の目の前であり、ふぐ以外の魚介も極めて美味しいのは当然である。

二王座歴史の道、二階からの風景

臼杵城

続日本100名城。1562年、大友宗麟築城（異説あり）。関ヶ原後に稲葉氏が入り明治維新まで支配。

大分県
竹田市

岡城

「隠しキリシタン」の街 謎の鐘や石像があった城

まだこんなにワクワクする歴史ミステリーが日本にも残っているものなのだ、と竹田市では実感する。

「隠れキリシタン」は有名だが、竹田では「隠しキリシタン」が行われたのだという。どういうことか。キリスト教徒が弾圧を恐れ潜伏したのではなく、竹田では当地の岡藩あげてキリスト教徒をかくまった、というのだ。

トンネルを抜けないとどこにも出られないことから、自虐を込めて「レンコンの街」といわれる城下町の外れ、武家屋敷通りのさらに奥に、大分県指定文化財の「**キリシタン洞窟礼拝堂**」がある。造られたのはすでにキリスト教禁教令や宣教師追放令が出たあとの1620年ごろ。当時は岡藩家老屋敷の裏手で、2人の宣教師が匿われていたらしい。

なんとも不思議な形をしている。岩の崖地に掘られた穴は上部が家型になって全体が五角形をしている。中央の入り口上部には玉ねぎのような切り込みがある。両側に狭い窓のような開

キリシタン洞窟礼拝堂（左）。右の洞窟が住居跡という

口部があり、それぞれの下にも狭い穴がある。中は幅、奥行き、高さとも3メートルほどで、脇の解説板には「14世紀ローマの洞窟礼拝堂と似ている」とある。

奥の祭壇とみられる部分は壁がやや赤く見えるが、戦後発見された時には金色に近かったという。洞窟は鬱蒼とした竹やぶの奥に隠れていた。

さらに不思議なものを城下の**竹田市歴史文化館・由学館**で見ることができる。サンチャゴの鐘と呼ばれる鐘は、銘文から１６１２年に長崎にあったサンチャゴ病院のものとわかる国の重要文化財。禁教で病院が破壊されたあとで竹田に持ち込まれ、なんと岡城内の神社に明治初年まで保管されていた。重さは１０８キロもある。なぜこんなものを城内に運び込んだのか？

もう一つ「聖ヤコブ」すなわち「サンチャゴ」の石像と呼ばれる人物頭部像がある。戦後に城脇の谷から見つかった。２０１５年の鑑定では地中海産の砂岩でできており13世紀の作風だという。わざわざヨーロッパから日本に運ばれたらしい。ちなみに「聖ヤコブ」はスペインの守護神である。これも城内から維新時に谷底に捨てられたとみられるが、なぜ長年城内に保管してあったのか？　まったくわかっていない。

そしてキリシタン洞窟と同じ形をした岩穴が城下には無数にある。一番目立つのはＪＲ豊後竹田駅の裏の断崖にある岩下稲荷だ。礼拝堂と同様に上部は屋根型で、内側の掘り込みの上にやはり小さな切り込みがある。

他にもキリシタン様式の墓石や、秘密の地下室、キリスト教の符号が書かれた墓石や旧家に残された十字架など、数多くのキリスト教の痕跡が城下や周辺に残る。

岡藩主の中川氏はもともと摂津の出身で、有名なキリシタン大名の高山右近とは親戚筋。初代藩主の兄、中川秀政らがキリシタンだったともいわれ、家紋には十字が入っていて、見よう

岡城近くで発見された聖ヤコブの像

山上に高石垣を築いた岡城

によってはアルファベットの組み合わせにも見える。根拠地だった茨木、三木はキリシタンが多く、隠れキリシタンも多かった。よく知られる重要文化財のザビエル像は、大正時代になって茨木の隠れキリシタンの家から見つかったものだ。

大分市の項でも書いたが、豊後はキリシタンが多く、竹田地方は特に多かったという。そこにキリシタンの大名が来たら……。幕府に怪しまれない程度の弾圧をして、こっそりキリシタンの伝統を守ったのではないか？というような推測も成り立つ。であれば城内や城下町にキリシタンの遺物が色々あるのも説明できる。市ではＮＰＯと共同でしゃれたホームページなどを作って「隠しキリシタンの町」として売り出している。

岡城は建物こそまったく残らないが、九州では熊本城に次ぐ名城ではないかと思う。竹田までのアクセス、さらに城下から城までのアクセスが悪いが、それを乗り越えて行く価値がある。

日本100名城。国史跡。1185年築城。1594年以降中川氏の城。滝廉太郎が「荒城の月」の曲想を得たという。

宮崎県

日南市

飫肥城

杉で栄えた城下と港一体の街 お得なマップで食べ歩き

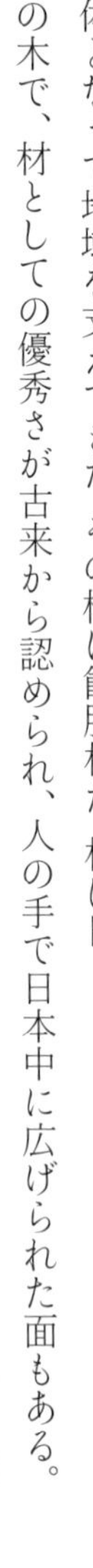

日南市は城下町飫肥(おび)と、その外港の油津(あぶらつ)他2町村が合併して誕生した市だ。二つの街は6キロほど離れているが、江戸時代から一体となって地域を支えてきた。その核は飫肥杉だ。杉は日本固有の木で、材としての優秀さが古来から認められ、人の手で日本中に広げられた面もある。

その中で「飫肥杉」と地名つきブランドとなった理由は軽さにある。寒い地方では年輪が緻密になり丈夫な材になるが、暖かい日南周辺では年輪の間隔が広くなり軽い材になる。これは木造船に最高だった。飫肥には杉製品の店も多いが、皿や器などその軽さに驚く。

江戸時代から藩財政を支え、飫肥から全国に木材を積み出す油津の重要性が増した。そのため木材を流す川と港を結ぶ1キロにも及ぶ堀川運河が、江戸時代に2年以上かけて掘削された。難工事だったらしく、堀川運河河口には「人柱様」の供養碑が立っている。

こうして飫肥杉で藩は潤ったが、今度は山林を伐り尽くして資源が枯渇してきた。このため

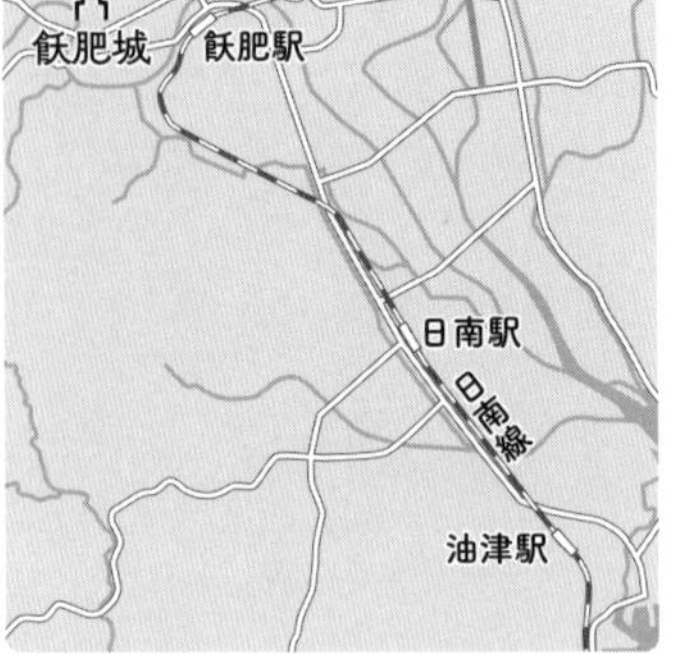

植林で利益が増える制度を作り山林の荒廃を防いだ。これは明治以降も全国の手本となったという。

飫肥城下町の背後はもう美しい**杉の山林**だ。建物がなくなった城内にも杉が多い。特に驚くのが本丸。苔むした郭に杉の巨木が林立し幻想的な空間だ。また中の丸下には、枡形空間の四隅に杉の巨木がそびえ、「しあわせ（四、合わせ）杉」と称している。

また九州最初の重要伝統的建造物群保存地区に指定されただけあって、武家屋敷、商家、明治の豪邸など、飫肥杉をふんだんに使った古い建物が多い。城内には飫肥杉を使って建てた屋敷建築、松尾の丸もある。

そして「あゆみちゃんマップ」は市内施設の共通入館券と多数のお店で使えるおみやげ券5枚がついて1000円もしくは1600円。散策に必携である。

飫肥城大手門

飫肥城本丸に林立する杉の巨木

飫肥城

日本100名城。南北朝時代築城。島津氏と伊東氏が100年に渡り争い、勝った伊東氏が幕末まで支配。大手門など復元。

鹿児島県
鹿児島市
鹿児島城

最新技術で手っ取り早く情報を

鹿児島は幕末維新の史跡をめぐるだけでも1日では足りない。西郷隆盛ゆかりの城山や墓所は結構遠い。島津斉彬が造った集成館もかなり郊外だ。では手っ取り早く歴史散歩をしたい方にいいコースをお知らせしよう。鹿児島中央駅東口を出て左に向かい高見橋を渡る。甲突川沿いを右に向かって甲突橋まで歩く。そこからナポリ通りを駅に戻る。距離約2キロ。30分でOKである。自信を持って言えるのは、最新AR技術で歴史を教えてくれるからだ。

甲突川沿いに2018年、「**維新ドラマの道**」ができた。西郷や大久保利通が育った加治屋町のすぐ脇だ。入り口に行くと、顔らしきものが描かれた3メートルもの柱が林立する。これは右から見ると大久保、左から見ると西郷に見えるというトリックアートだ。

緑道に入ると巨大なテレビ画面のようなものがいくつもある。「島津斉彬と集成館事業」「西郷隆盛と西南戦争」「大久保利通と岩倉使節団」など7つの画面で幕末維新の歴史を解説して

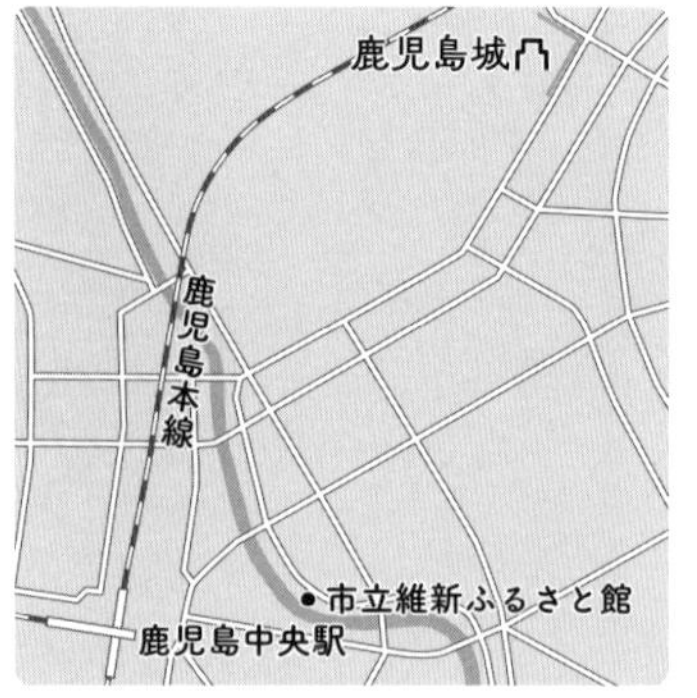

西郷と大久保の顔写真に見えるオブジェ

いる。これだけでも色々わかるが、スマホにアプリを入れ目の前の画面にかざすと画面が動き出し、音声も流れてそれぞれのテーマを3分間ほど詳細に説明してくれる。

さらにその手前は「維新ふるさとの道」として整備され、大久保利通の育った家跡や、かつての武家屋敷などがあり、解説板もある。途中の「**維新ふるさと館**」には西郷や大久保のロボットがいる。

これらの道のすぐ脇に、西郷生誕地や大山巌、村田新八、東郷平八郎らの生誕地がある。大久保の生誕地は、近年対岸の高麗橋たもとあたりとされたが、近さに驚く。この狭い一角で、明治日本を支えたきわめて多くの偉人が育っている。

短時間でみっちり予習をしたら、次回はゆったり余裕を持って鹿児島を学びたくなるはずだ。

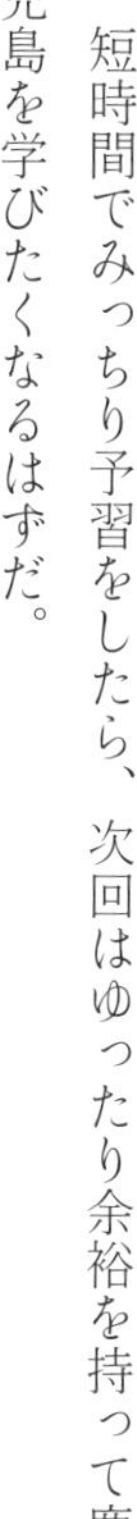

鹿児島城

日本100名城。国史跡。1602年築城。高石垣も天守もなく、櫓等の防備施設もない特殊な城。再建御楼門がある。

再建された鹿児島城（鶴丸城）御楼門（鹿児島県文化振興課提供）

鹿児島県
南九州市
知覧城

薩摩の「麓」が生んだ庭園 独特なミニ城下町の風景

石垣とその上の生垣の列が、電柱のないすっきりした景色の中に延々と続いている。賑やかに話しながら歩く観光客がいなかったら、元の街は時が流れているかわからないような、静謐な場所だったろう。

というのもこの街は町人の造った城下町ではなく、武家屋敷街だからだ。客を呼びたい商人町や宿場と違い、武家屋敷は表から中を悟られてはいけない。人の存在を極力隠したいから静かなのだ。

知覧武家屋敷群は国の重要伝統的建造物群保存地区（重伝建）に指定されているが、この指定を受けた武家集落は全国でも数少ない。中でも知覧が特別なのは、多くの旧武家屋敷が古くからの庭園をそのまま残している点だ。この庭園がそれぞれにまた見事なのである。

枯山水の庭が多いが、屋敷の規模に対して異様に石組が豪壮で立派だ。特徴的な曲がりの入

った石も多い。さらに面白いのは、石の背後のイヌマキの生垣の上部を山形に刈り込んで、丘や山のように見せている庭が多いことだ。背後の借景となっている山まで含め、景色が奥行き深く続いているように見せている。こんな庭は見たことがない。それがいくつもあるのである。

現在は7つの庭が「武家屋敷庭園」として公開され、共通の入場券（パンフレット）を買えば見学できる。屋敷街は端から端まで700メートルほど。見学は9時から17時までで、さらに10時から16時は自動車通行止めなので、なおさら静かだ。また屋敷には今も人が住んでいる。だから入っていいのは庭まで。

知覧城跡

だがこの知覧を「城下町」の中に含めていいかは少し迷いがあった。というのも普通思うような「城」がないからだ。

知覧城という立派な城はあるが、戦国時代までで廃城となっており、場所もやや離れている。しかし結局ここも城下町に入れて100のリストに入れたのは、島津家独特の領域支配の中で、こうした知覧のような街が「ミニ城下町」として機能してしたからだ。

こうした薩摩独特の「ミニ城下町」を「麓（ふもと）」（のち「郷」）という。

鎌倉時代以来土着した島津氏が支配し、関ヶ原で敗れたにもかかわらず領地を削られなかった鹿児島藩には、全国の他の藩とはさまざまな面で異なる点が多い。まず武士階級が非常に多い。明治初年の統計だが、武士が人口の4分の1を占めている。普通は一桁だからいかに多いかがわかる。

どうも薩摩では他の藩のように兵農分離が進まなかった、あるいは進めなかったようだ。江戸時代に入ると武士は大名の城下に住み、農業はしなくなる。また半農半士のような曖昧な存在は許されなくなり、戦国時代の土豪や滅ぼされた大名家臣の多くは農民となった。

しかし薩摩では戦国時代の武士がそのまま残り、鹿児島城下に集まることもなく、領域の各地に分散して住んだ。これが「外城（とじょう）」である。その外城の中心となるのが麓で、そこには城や陣屋に当たる仮屋という藩の出先機関があって支配を行っていた。麓の武士たちは農業も行うことも多かったという。

こうした外城、麓が藩内には120ほどあった。現在その面影が残る11か所ほどが「薩摩の武士が生きた町」として日本遺産に登録されている。このうち4か所は、先ほどの重伝建に指

知覧武家屋敷街

生垣がうねる武家屋敷の庭園

定されている。中でも知覧は昔の姿がよく残り、庭園も立派だ。

庭までしか入れないが、ベンチなどは用意してある。じっくり腰掛けて庭の石を見ているとどうしてこの形の石を置いたのだろうとか、石がいろいろなものに見立てられて飽きが来ない。石と植物が絡み合う姿も面白い。

武家屋敷や知覧城、知覧地区の歴史については、武家屋敷群から少し離れたミュージアム知覧に詳しく展示してある。個人的に興味深かったのは、薩摩での「かくれ念仏」の歴史。島津家は浄土真宗を激しく弾圧し、信者は隠れて信仰を守った。隣には知覧特攻平和会館があり修学旅行生らがひっきりなしに訪れる。

知覧城

続日本100名城。国史跡。12世紀末築城か。シラス台地を生かし、崖に囲まれたような曲輪を多数配置する独特の造り。

沖縄県
那覇市
首里城

首里と那覇の道歌った「上り口説」港町で城下町の面影たどる

ん？ と思う人もいるかもしれないが、那覇は立派な城下町である。**首里城**は琉球を統一した尚巴志が、浦添にあった中山王国を滅ぼしてからその首都を移して整備した城である。城の頂きからは、太平洋と東シナ海の両方を望むことができる要地だ。

浦添時代に城の港だった牧から、より近い場所に王国の港を移したのが那覇の発展の端緒であり、今の那覇の繁栄は首里城あってのものだ。かつての那覇港は島であり、その後のさまざまな工事で今の市街は出来上がった。

首里城から那覇港までの道程は「上り口説」という琉球舞踊で知ることができる。歌を伴ったこの舞踊は、首里城から薩摩まで、王国の使節が辿る道を歌ったもので、薩摩や幕府の役人などの前でよく歌われた。歌詞は大和言葉だが、歌の読みはウチナーグチ（琉球言葉）で、舞踊全体が薩摩支配下の琉球の微妙な立場を表している。

首里城から望む那覇の港

首里城から那覇までその道筋をたどってみた。首里城は山の上だから、まずは坂を下っていく。多くの観光客が向かう方向とは逆に、守礼門を背に左に王墓である玉陵(たまうどぅん)を見て進むと、美連嶽(みんちらうたき)と中山門跡の間を抜けて**首里観音堂**に至る。

ここが「口説」に最初に出てくる場所。観音様に危険な航海の安全を祈ったが、寺ができる以前から萬歳嶺という景勝地で、港を望み無事を願った土地だった。ちなみにこの寺にあったシュロチクの一種が本土でも人気になったのが観音竹。

急坂を下ると官松嶺跡の碑がある。ここから先が歌に出てくる大道松原だ。進むとあたりの地名は今も大道。沖縄都市モノレール「ゆいレール」をくぐって道なりに「行けば八幡　崇元寺」と道の右に**崇元寺遺跡**があり、安里八幡はやや右奥に今も残る。沖縄戦の激戦地でもある。

崇元寺は沖縄戦で焼失したが、国王を祀る重要な寺だった。今も復元した立派な石門があり、広大な境内は公園になっている。

歌は「美栄地高橋うち渡て」と続く。この先は安里橋跡があるが、かつては周辺は海であり、那覇港に至るには船で通っていた。それでは不便だと長虹堤という海中道路を造って行き来できるようにした。

その名は、堤の見事さに感心した中国の使節が命名したという。この堤によって周囲に土砂堆積が進み、また那覇が便利になって人口が増え、土地が足りなくなって埋め立てで土地が造成され、那覇の拡大が進んだ。ゆいレールの美栄橋駅前に美栄橋の碑と、堤の痕跡が残る。

「沖の側まで親子兄弟」で進んだ「沖」とは、那覇港の船客待合所あたりにあった「沖の寺」と呼ばれた臨海寺のこと。港の安全を守る寺だが今は別の場所にある。船客ターミナルには港の歴史などの掲示も。江戸時代もこのあたりから出航

祠だけが残る三重城跡

したらしい。

ここから先はまた細い堤が続き、その先端に**三重城**があった。外敵が容易に港内に入れないようにするための砦で、船を見送る最後の場所でもあった。「招く扇や三重城（みーぐすぃく）」と歌われる。城跡はとてもわかりにくいが港近くのホテルの裏にあり、石垣も残り上に登って船を見送ることもできる。数百年前の人たちもここから別れを惜しんだと思うと感慨深い。

この道々の様子は博物館などに残る絵図や、屏風で見ることができ、琉球舞踊の店などでは「上り口説」そのものを鑑賞すると同時に、壁に描かれた絵などで様子を知ることもできる。いにしえの行事を語り継いでいる琉球文化の奥深さにも感じ入る。

衝撃的な火災で失われた首里城の再建は順調に進んでいる。正殿の柱組の工事は既に進み、2026年には完成予定で、その後北殿や南殿の復元も進められる予定だ。王国の栄華がよみがえる日が待ち遠しい。

再建工事中の首里城正殿

首里城 日本100名城。世界遺産。国史跡。14世紀末築城。1715年再建の正殿は1945年の沖縄戦で焼失。1992年に再建も2019年焼失。

—あとがき—

「百城下町」いかがだったでしょうか。「あそこはどうした」「なぜこの街が入らない」という声が聞こえてきそうです。正直、最後までギリギリ迷った街がいくつもあります。個人的には愛着があっても「読んだ人が訪れて満足するか」を思い、泣く泣く外した街もあります。この本を機に、さまざまな100城下町リストが出てくるのも楽しいと思います。

城下町取材を始めて7年ほどになり、取材に訪れた城下町は200か所近くになっていると思います。日本の都道府県庁所在都市の8割程度は城下町で（基準によります）、主要な都市のほとんどが城下町です。城下町を訪ねることは、日本の地方都市めぐりとなります。

そうして感じるのは、前著でも書きましたが、日本の地方は多様で豊かでおもしろい、ということです。食べ物、お祭り、風習、街並み、どこにも独特なものがあり、楽しめました。一方で、大都市になるほど同じような駅ビル、空港で、街にも全国チェーンの店が溢れ、興醒めしました。

この文を書いている横で、日本で1年間に生まれた子供が72万人と史上最低を更新したとのニュースが流れてきました。単純に考えれば、この子たちが全員100歳になったとしても、出生数が増えなければ日本の人口は100年後には7000万人です。実際には6000万人とか5000万人で、今の人口の半分以下になるのでしょう。

そうした未来に、私が味わった多様性が残っているのか、暗澹たる気持ちです。単調な社会、画一化された社会からは何も生まれません。アメリカが強かったのは、その中に激しいほどの多様性があったからです。

しかし逆にいうと、その多様性を維持して、注目して大事にすれば、新たな道も生まれるのではないかと思います。むしろそこにしか希望はないのではないでしょうか。外国人が日本の地方を訪れるようになってきているのはその一つの証しだと思います。

ネットやVRの時代、実際に訪れることの意味がどれほどあるかとの懸念もあるでしょう。しかし取材の実感で言うと、いくら事前に調べても、現地での空気感で初めて理解できることは多く、行くと次々新たな発見があり、それをトピックスにした街がいくつもあります。

またコロナ禍で明らかになったように、都市に住まなくても、どこに住んでもできる仕事が多数あることも明らかになりました。日本の地方が未だ維持している多様性をいかに生かすかが、日本の未来の一部を左右するようにも感じます。この本を読んで、そうした多様性発見の旅に出る人が一人でも多く出ることを願ってやみません。

黒田 涼

黒田 涼（くろだ りょう）
作家・江戸歩き案内人。各地の歴史の痕跡を、歩いて、探して見出すことにこだわっている。江戸・東京23区内に詳しいが、近年は全国の城下町紹介など地方にも力を入れている。執筆のみならず散策講師も年数十日務める。「おはよう日本」「タモリ倶楽部」「美の壺」などテレビ出演も多数。
主な著書に「新発見！　江戸城を歩く」「江戸の大名屋敷を歩く」「江戸の神社・お寺を歩く」（以上祥伝社新書）、「美しいNIPPONらしさの研究」（ビジネス社）。

日本百城下町
ゆったり街さんぽ

2024年3月5日　初版第1刷発行

著者　黒田 涼
発行者　池田圭子
発行所　笠間書院
〒101-0064
東京都千代田区神田猿楽町2-2-3
電話　03-3295-1331
FAX　03-3294-0996
ISBN 978-4-305-71007-9

装画　小野寺光子
装幀・デザイン　井上篤（100mm design）
本文組版　キャップス
印刷・製本　平河工業社

35頁上、53頁上、109頁、126頁、261頁上、269頁の写真はピクスタ提供。

https://kasamashoin.jp